Paula Kollonitz

Eine Reise nach Mexico im Jahre 1864

1. Band

Paula Kollonitz

Eine Reise nach Mexico im Jahre 1864
1. Band

ISBN/EAN: 9783744676298

Hergestellt in Europa, USA, Kanada, Australien, Japan

Cover: Foto ©Andreas Hilbeck / pixelio.de

Weitere Bücher finden Sie auf **www.hansebooks.com**

Eine

Reise nach Mexico

im Jahre 1864.

Von

Gräfin Paula Kollonitz.

~~~~~~~

Zweite, revidirte Auflage.

~~~~~~~

Wien.

Druck und Verlag von Carl Gerold's Sohn.

1867.

Der

Fürstin Pálffy

in

innigster Liebe und Verehrung

gewidmet.

Von Deinen Segenswünschen und Deiner wärm= sten Theilnahme begleitet, habe ich diese Reise unter= nommen, welche die schönste und reichste Episode meines Lebens umschließt. Deiner habe ich stets gedacht und Dich herbeigewünscht, wenn die Großartigkeit der Natur bei= nahe überwältigend auf mich wirkte; unter den Schutz Deines lieben Namens stelle ich nun auch die Mit= theilungen meiner Erlebnisse und Eindrücke.

Wenn ich dem Wunsche meiner Freunde Folge leiste und sie der Oeffentlichkeit übergebe, so geschieht es doch in völligster Anspruchslosigkeit, und dieses Be= wußtsein allein gibt mir den Muth dazu.

Die Ausnahmsstellung, in welcher ich mich wäh= rend dieser Reise befand, hat mir manche Pflicht der Discretion auferlegt und mich zugleich verhindert, tie= fere Blicke in die Verhältnisse und Zustände eines Landes zu thun, in dem ich beinahe ein halbes Jahr verlebte. Nivellirt durch Höflichkeit und persönliche Rücksichten, mußte mir Manches glatt und eben er=

scheinen, was dem gewöhnlichen Reisenden in einer weit raueren, aber wahreren Form entgegentritt, und so durfte ich mir weniger als Andere ein entscheidendes Urtheil anmaßen. Mit der dankbarsten Freude aber habe ich all' das Schöne genossen, mit dem wärmsten Interesse die Augen für die Fülle des Gebotenen offen gehalten. Es war mein Wunsch, jenen, die nicht so glücklich waren wie ich, so getreulich als möglich anschaulich zu machen, was mich entzückte; mit der Feder wollte ich erreichen, was ich am liebsten mit dem Pinsel gethan hätte: getreue Bilder schaffen, die den Wunsch rege machen würden, selbst zu sehen, sich Leib und Seele zu stärken an den Freuden und Müh= salen einer großen Reise, an allem, was sich uns außerhalb des engen Kreises erschließt, in welchem wir uns zu bewegen gewohnt sind und der gleichwohl so arm ist, so beschränkt für die Ausbildung jener Fähig= keiten, welche der Schöpfer uns in Herz und Kopf gelegt.

Für den Oesterreicher mag es zugleich von Interesse sein zu vernehmen, unter was für äußeren Verhältnissen der Sohn seines alten Herrscherhauses den schwankenden Thron bestieg, der vielleicht schon gestürzt ist, wenn diese Zeilen in die Oeffentlichkeit dringen; mancher auch sah einen theuern Freund, Sohn oder Bruder dem Rufe des neuen Kaisers folgen, und gern fühlt er durch meine einfache Schilderung sich dem Lande näher gerückt, welches plötzlich für ihn der Gegenstand großen Interesses und leider auch schwerer Sorgen geworden ist.

Möge vor allem aber Dir dieses Büchlein einige Stunden wohlthuenden Zeitvertreibes bieten, möge es Deinem schwer geprüften Herzen einen Theil jenes Friedens und jener Freude mittheilen, welche ich empfinde, wenn ich mich in die Erinnerung jener Reise versenke, die nach vielem Kummer und vielem Schmerz doch mehr als einmal die Empfindung in mir wach rief: „Das Leben ist doch schön!" —

Im August 1866.

Vorrede zur zweiten Auflage.

Selten ist ein Erstlingswerk mit größerer Nachsicht aufgenommen worden, als es bei den Mittheilungen meiner Reiseeindrücke der Fall war.

Wohl bin ich mir bewußt, daß Interesse und Aufmerksamkeit vorzüglich jenem Stückchen Weltgeschichte galten, deren Einleitung ich miterlebte, daß die Bande, welche Oesterreich mit jenem fernen, großentheils noch so unbekannten Reiche verknüpfen, jeder Einzelheit einen Werth verleihen, und daß es daher nur der Wahrheit bedurfte, um meinen Schilderungen ein aufmerksames Publicum zu gewinnen; dennoch war das mir von der Kritik erwiesene Wohlwollen ein weit größeres, als ich in jeder Beziehung erwarten konnte.

Meine Absicht, meine Eindrücke und Erlebnisse in Mexico wahr und einfach zu schildern und dabei die eigene Freude, die eigene Wahrnehmung allen Jenen mitzutheilen, welche Herz und Sinn für das Schöne haben, wurde auf das Freundlichste anerkannt. Ich aber vermochte meine Dankbarkeit dafür nur auf eine Art zu beweisen: indem ich mich bemühte, die so schnell nöthig gewordene zweite Auflage von den an der ersten haftenden Mängeln zu befreien.

Im Uebrigen habe ich nichts verändert, nur Weniges hinzugefügt.

Obwohl in Mexico das Schicksal schnell einher-schreitet und auf die erschütterndste Weise seit dem vorigen Sommer vieles wendete, glaubte ich dieser Sachlage doch keine Rechnung tragen zu müssen, damit diesem Büchlein nicht sein einziger Werth: jener der Ursprünglichkeit, benommen werde.

Alles, was ich niederschrieb, beruht auf Auf-zeichnungen, hervorgegangen aus unmittelbaren Ein-drücken. Diesen Stempel wollte ich bewahren, jene Momente festhalten, auf die Gefahr hin, durch die Entwicklung der Ereignisse meine Auffassung und Be-urtheilung in einem ungünstigen Lichte erscheinen zu lassen.

Mit großem Kummer haften meine Gedanken an Miramar, mit banger Sorge an Mexico!

Mögen nach den schrecklichen Prüfungen, nach unsäglichen, mit bewunderungswürdigem Muthe bestandenen Gefahren, die Schwergeprüften beruhigt jenen Frieden finden, welcher stets in dem Bewußtsein einer edlen Absicht und eines mit Heldensinn überwundenen Kampfes liegt — auch wenn man besiegt aus demselben hervorgeht!

Wien, den 30. Mai 1867.

Die Verfasserin.

Erstes Kapitel.

Der 14. April 1864 war endlich der lang ersehnte Tag unserer Abreise. Die Morgensonne begrüßte ihn mit ihren wärmsten Strahlen, der Himmel war wolkenlos. Mit hochklopfendem Herzen trat ich an das Fenster und blickte in das Meer, dem wir uns nun auf Gnade und Ungnade anvertrauen sollten: es war bewegt, eine leise Bora kräuselte die Wellen, die ungeduldiger als sonst gegen den Felsen stürmten, auf welchem Miramar erbaut ist. Wie oft hatte ich diesem Spiele zugesehen mit dem gemischten Gefühle von staunender Bewunderung und innerem Bangen, wie oft hatte ich diese mächtige und mysteriöse Kraft beobachtet und deren imponirenden Eindruck empfunden, doch nie war diese Empfindung so lebhaft, so vorherrschend und mir selbst so klar gewesen, als an diesem Tage. Das Wohl und Weh der nächsten Wochen, Freud und Leid der Reise, die Erfüllung von Allem, was ich wünschte und träumte, ja selbst Gefahr und endliche Erreichung unseres fernen Zieles, alles blieb abhängig

von den Launen dieses Meeres; und wie es aus oft
unberechenbarer Tiefe heraufwogte, wie es sich heran-
drängte, getrieben durch eine Gewalt, die eben so un-
ergründlich als unwiderstehlich ist, da fühlte ich um so
mächtiger den Ernst und die Größe des Momentes, dem
ich entgegenging, da pries ich mich aber auch bevorzugt
glücklich, daß mir so viel Großartigkeit, so viel Interesse durch Anschauung und Erlebniß geboten werden
sollten.

Heute war es gar lebendig in und um Miramar,
das sonst still und einsam wie ein Märchenschloß aus
den blauen Wogen der Adria sich erhebt. Der staub-
ige, sonnige Weg nach Triest, halb dem Meere, halb
den Felsen abgewonnen, war mit Wagen und Menschen bedeckt; die Bucht, an deren Küste Triest in am-
phitheatralischer Erhöhung gebaut ist und welche sie in
malerischer Schönheit beherrscht, wimmelte von großen
und kleinen Fahrzeugen. In weiterer Entfernung lag
seit mehreren Tagen die „Novara" und harrte unser; in
ihrer Nähe, zu ihrer Begleitung bestimmt, hatte die französische Fregatte „Themis" Anker geworfen. Wunderbar schön war es an den vorhergehenden Abenden gewesen, aus den Zimmern der Erzherzogin nach Westen
zu blicken, wo sich die Sonne purpurn ins Meer senkte,
zuerst die Fluth, die Masten der beiden Kriegsschiffe
vergoldend, dann einen Feuerstreifen am Horizont zurück-
lassend, von welchem sich die schneebedeckte Alpenkette

Norditaliens scharf abgrenzte, während die Schiffe im
Vordergrund geisterhaft groß und dunkel heraus zu
treten schienen. Nach allem Herrlichen, was ich seitdem gesehen habe, bleibt mir dieses Bild noch klar
und hell in Erinnerung. Die Schönheiten der Natur
sind so reich, so mannigfaltig, so vollkommen jede in
ihrer Art, daß sie den Vergleich mit einander nicht zu
scheuen brauchen.

Eine halbe Stunde vor der Abfahrt überreichte
eine Deputation der Stadt Triest dem nunmehrigen Kaiser Maximilian von Mexico eine Abschiedsadresse.

Erzherzog Ferdinand Max war eine von der
Bevölkerung sehr geliebte Persönlichkeit: Triest verdankte
ihm viel. Mit Schmerz und großer Besorgniß sah man
ihn ziehen, einer ungewissen, gefahrvollen Zukunft entge-
gengehen. Zehntausend Unterschriften bezeugten die Anhänglichkeit an seine Person und die Herzlichkeit der Se-
genswünsche, die ihm über das Meer in die neue Heimat,
zum schweren Beruf folgten.

Der Kaiser brach in Thränen aus, als der Bür-
germeister von Triest mit warmen Worten das allgemeine Bedauern, die allgemeine Theilnahme aussprach.
Der Augenblick war ein so feierlich-ernster, daß jedes
Gemüth davon ergriffen ward und beinahe kein Auge
trocken blieb.

Als wir bald darauf im Gefolge des Kaiserpaares
in den Hof traten, hatte sich eine große Menschenmenge

1 *

in dem engen Raume versammelt. Jeder wollte den
scheidenden Fürsten noch einmal sehen, ihm selbst noch
ein Lebewohl, einen Glückwunsch, ein Segenswort nach=
rufen. Mit echt italienischer Lebendigkeit warfen die
Leute sich ihm vor die Füße, überschütteten ihn mit
Blumen, küßten seine Hände und seine Kleider. Er
winkte ihnen dankend zu, mit überströmenden Augen;
seine Brust hob sich krampfhaft, er konnte keine Worte
über die Lippen bringen.

Langsam drängten wir uns durch die Menge, die
Stufen herab, die zum Landungsplatze führten. Ein hübsch
decorirtes Boot mit rothem goldgesticktem Sammtbalda=
chin harrte unser. Der Kaiser half seiner Gemalin hinab
zu steigen, drückte und schüttelte noch die Hände, die sich
ihm entgegenstreckten und dann verließ auch sein Fuß
die alte, liebgewohnte heimatliche Erde!

Wer weiß, ob er sie jemals wieder betreten wird! —

Eine Flut von Blumen folgte ihm. Nun donner=
ten die Geschütze von den zwei Fregatten „Bellona“ und
„Themis“, die in großer Flaggengala und imponiren=
der Schönheit vor uns lagen. Die „Novara“ hatte die
mexicanische Flagge gehißt. Wir nahten ihr mit kräftigen
Ruderschlägen, während vom Lande her das Abschieds=
rufen der Menge nachtönte und die Salven von den
Forts und Befestigungswerken schwer dröhnten. Alles
hatte sich vereinigt, um diesen Moment großartig und
ergreifend zu gestalten; der Kaiser bedurfte all' seiner

Kraft, um seiner erschütterten Nerven Herr zu bleiben.
Auf die Kaiserin wirkte alles dies ruhig und freudig;
ihr Blick in die Zukunft war ein zuversichtlicher und
alle Beweise von Anhänglichkeit, die ihr gegeben wur=
den, erfüllten sie mit großer Befriedigung.

Die „Novara" wurde erreicht und bestiegen, der
Schritt war gethan; das neue, ungewohnte Leben hatte
begonnen. Allsogleich wurden die Anker gehoben, die
Schraube zitterte und bohrte unter unseren Füßen, der
dunkle Rauch wälzte sich schwer zum blauen Himmel
hinauf.

Die französische Fregatte „Themis" (Commandant
Morier), die Kaiser Napoleon zu unserer Begleitung
bestimmt hatte, folgte uns. Sechs Lloyddampfschiffe
und unzählige kleine Boote, alle geschmückt und bewim=
pelt, gaben das Geleite. Wir fuhren gegen Triest, wo=
her uns wieder Geschütze ihren Gruß zudonnerten, und
bald darauf in's weite offene Meer.

Lange noch sahen wir das schöne Miramar, die
Perle der Adria, das Kleinod des Kaisers, das er sich
auf rauhen Felsen erbaut und trotz der Ungunst des Bo=
dens, trotz des feindseligen Anpralls der Bora, mit im=
mer grünen Bäumen, mit den schönsten Blumen des Sü=
dens umgeben und zu einem Paradiese geschaffen hatte.

Sobald es möglich war, eilte der Kaiser in seine
Cabine, um in der Einsamkeit die tiefe Erschütterung
seines Gemüthes zu verbergen und zu überwinden. Als

wir ihn am nächsten Morgen wiedersahen, war er heiter und ruhig und ich habe ihn seitdem nie anders gesehen.

Die Lloydschiffe folgten uns bis auf die Höhe von Capo d'Istria, dann wurden noch Tausende von Tüchern geschwenkt, ein lautes Vivat erscholl, und bald waren sie unseren Blicken entschwunden.

Die Bora wehte heftig und kalt, war aber unserer Fahrt günstig. Alle Bangigkeit, alle Furcht war aus meinem Herzen entschwunden, der Abschied war überstanden, die oft bezweifelte Reise begonnen; ich jubelte ihr entgegen, voll Hoffnung und Freude. Alles war mir neu, alles interessant, ich fühlte nicht das Schwanken unter den Füßen, dem ich auf den kleinen Dampfern des Canal de la Manche so schnell erlegen war. Ich hoffte von dem bösen Uebel befreit und dadurch befähigt zu bleiben, alles mit voller Lust zu genießen! Leider ward diese Hoffnung sehr bald vereitelt und ich bedaure dies noch jetzt, weil der Einfluß ein so störender und lähmender war, daß mir viele Schönheiten verborgen blieben, ich zu vielen Beobachtungen unfähig ward, und die Erinnerung der Seefahrt selbst mich als Alp drückte, statt mich zu entzücken, wie es doch so oft bei jenen der Fall ist, welche dem häßlichen Leiden nicht unterworfen sind.

Wer je eine längere Ueberfahrt gemacht hat, der lernt seine Ansprüche auf Bequemlichkeit sehr gering stellen! Damals war ich noch nicht so weit, dennoch

fand ich anfangs meine Cabine ganz erträglich und wenn
ich sie nun mit jener vergleiche, in welcher ich bei der
Rückreise vier Wochen lang ein elendes Leben fristete,
so muß ich ihr das beste Lob spenden, vorzüglich wegen
ihrer Größe und des unschätzbaren Besitzes eines Fen=
sters, das man wirklich und wahrhaftig öffnen konnte.

Sie war reich ausgestattet, denn sie hatte eine
Lagerstätte, welche die ganze Breite der Cabine ein=
nahm, nach der Breite des Schiffes gestellt und mit
einem Verhange versehen war, ein Waschkästchen, einen
Schreibtisch und einen sehr schmalen Hängkasten. An
der Wand waren Bretter angebracht, welche als Eta=
geren dienen konnten. Eine braune Wachsleinwand deckte
nett den Boden.

Ich konnte in diesem Raume wirklich liegen, stehen
und athmen, ein Vorzug, den nicht alle Cabinen be=
sitzen; dennoch ward mir dort nie ganz heimlich zu
Muthe: der Mangel an Stabilität der Wände ist zu
fühlbar. Meine Kajüte lag in der Batterie: die große
gemeinschaftliche, die uns auch zum Speisezimmer diente,
war auf dem Verdecke unter der Lunette angebracht.
Ueber ihr lag das zweite erhöhte Verdeck, das uns bei=
nahe ausschließlich als Aufenthalt überlassen wurde.

Alles war von den Eindrücken des Tages ermüdet,
das leise Wiegen des Schiffes wirkte einlullend, bald
suchte jedes sein Lager, bald waren alle Lampen gelöscht.

Trotz des Krachens der neuen Bretter und Pfosten,

trotz des Stöhnens und Lärmens auf der Stiege, die vor meiner Cabine zum Verdeck hinaufführte, trotz des Schreiens und Laufens der den Nachtdienst versehenden Matrosen, schlief ich endlich ein. Gegen Morgen hob sich der Wind, die See ward unruhiger und als ich erwachte, senkte und hob sich die Wand neben, die niedere Decke ober mir — und es war um mich geschehen! Schnell warf ich mich in meine Kleider und eilte auf's Verdeck, wo meine blasse Miene sogleich bemerkt und belächelt wurde. Doch erholte ich mich hier bald, die See beruhigte sich und mit vollen Zügen athmete ich jene balsamische, frische und reine Luft ein, die man nur auf offener See findet. Von nun an verließ ich das Verdeck beinahe nie mehr; bis zwei, drei Uhr Nachts saß ich dort, gesund und krank, freudig und traurig, alles war hier oben besser, erträglicher als im engen Raum der Cabine.

Die Luft war unendlich klar und bot uns eine Fernsicht, wie sie dem Reisenden auf dem adriatischen Meere nur selten zu Theil wird; gleichzeitig sahen wir die Gebirgszüge Neapels und die der türkischen Grenze, alles wurde beobachtet, alles bewundert, alles notirt; ein Jeder war voll Eifer und Wißbegierde.

Das adriatische Meer, das gewöhnlich tückisch und stürmisch ist, wurde immer ruhiger und glatter und lag vor uns, herrlich blau. Der Himmel begünstigte unsere Fahrt. Den 16. früh kamen wir an Otranto vorüber,

segelten nahe an der häßlichen, kahlen Küste von Ca=
labrien, bewunderten die schönen schneebedeckten Berge
von Albanien, begrüßten von der Ferne Corfu und fuhren
in's mittelländische Meer ein, das uns etwas unfreund=
lich bewillkommte. Immer mehr und mehr gewann ich
die Ueberzeugung, daß ich kein seemännisches Herz habe:
jede Veränderung in der Bewegung machte mich krank;
alle Anderen blieben unberührt von diesem Leiden, nur
ich unterlag ihm bei der geringfügigsten Veranlassung.
Ich gestehe, daß mich diese Erfahrung etwas trübe
stimmte; ich hatte eine lange Seereise vor mir, wollte
sie mit allen meinen Fähigkeiten genießen und wurde
statt dessen von einem peinlichen Leiden bedroht, das
bei den mächtigen Wellenbewegungen des atlantischen
Oceans vielleicht erschreckendere Dimensionen anneh=
men sollte.

Ich hatte Momente von Muthlosigkeit zu über=
stehen, doch war es mein fester Wille, so viel wie mög=
lich mein physisches Unbehagen zu überwinden und mich
geistig frisch und empfänglich zu erhalten.

In der Nacht vom 16. auf den 17. umsegelten wir
die Südspitze Italiens, und als wir des Morgens auf
das Verdeck traten, lag zu unserer rechten Seite die
Küste von Neapel mit ihren Felsen, ihren köstlichen
grünen Thälern, ihren Orangenwäldern und Villen.

Zur Linken erhob sich die Küste Siziliens, sehr ber=
gig und leider anfangs von Wolken verhüllt; nur in

einzelnen Momenten blickten die schneebedeckten Gipfel
der Berge, blickte der Aetna hervor, ein dichter Nebel=
schleier entzog sie bald wieder unseren Augen. Aber
dennoch wie schön, wie hinreißend schön war das Bild,
das sich unseren entzückten Blicken bot. Wie oft hatte
ich mich nach dem Süden gesehnt und nun war er er=
reicht und lag vor mir mit all' seinen Attributen! Wie
viele Beschreibungen hatte ich gelesen, wie viele Bilder
gesehen und doch wie überraschend, wie neu ist alles,
um wie vieles schöner, herrlicher, als es sich die kühnste
Phantasie vorspiegeln kann. Nirgends vielleicht sah ich
so viel Reiz, so viel Harmonie, solche Sanftmuth der
Töne; die Reinheit der Luft, die warme Beleuchtung,
die Azurbläue des Meeres, dessen Wellen sich in weichen
öligen Massen übereinander zu winden scheinen, alle
ihre Färbungen und Schattirungen, in's Violette und
Dunkelgrüne, stets vermittelt, nie grell; — ich sehe
dies alles vor mir und fühle die Unmöglichkeit, auch
nur im Entferntesten mit der eintönigen Feder das Bild
zu malen, welches für immer in meiner Erinnerung
leben wird.

In Sizilien liegt auf hohem Felsen das Bene=
dictinerkloster San Placito und beherrscht die ganze Meer=
enge von Messina. Es muß ein Götteraufenthalt sein,
erhebend auf Herz und Geist wirken. An der niederen
neapolitanischen Küste liegt, bis in's Meer hinein ge=
baut, die alte Stadt Reggio und bald erscheint gegen=

über Messina, an den Bergen und Felsen gelehnt, auf
welchen tausende von Villen gebaut sind, die es um=
geben. Und wie wir mitten durchfahren, sind beide
Küsten so nahe, daß wir die Orangenbäume, die Syke=
moren und Palmen genau unterscheiden, und daß der
würzige Duft der Orangeblüten bis zu uns dringt.
Ueber alles dies ist das Lichtmeer des Südens ergossen,
unzählige Schiffe und Boote belebten das Bild; ein
österreichischer Kauffahrer begrüßte uns im Vorbeifahren.
Still und stumm saß ich da, sehnsüchtig nach all' meinen
Lieben, die ich so gerne hieher gezaubert hätte, um mit
mir zu bewundern — und beinahe angstvoll die Schnellig=
keit beobachtend, mit welcher uns der Dampf aus diesem
Paradies hinwegnahm.

Die conträre Wasserströmung bei Scylla und Cha=
rybdis bildet wieder Lichteffecte, die kein Pinsel wie=
dergibt. Charybdis ist ein großes altes Schloß auf vor=
springendem Felsen an der italienischen Küste und be=
herrscht den ganzen Golf; Scylla ist ein Leuchtthurm
auf niederer sandiger Stätte in Sizilien.

Schnell wie ein Traum war alles verschwunden;
noch hatten wir Sizilien nicht aus den Augen verloren,
so lagen schon die liparischen Inseln vor uns. Der
Stromboli erhebt sich kegelförmig aus dem Meere, die
ganze Insel ist nur ein feuerspeiender Berg. Er raucht
immer, seine Eruptionen sind sehr häufig und für den

Seefahrer wird er des Nachts zum weithin leuchtenden Pharus.

Die übrigen liparischen Inseln liegen zerstreut umher und sind ebenfalls nur einzelne Felsenberge, blos von armen Fischern bewohnt, deren kleine Hütten zwischen niederen Sträuchern sichtbar wurden. Wir fuhren so nahe am Stromboli vorbei, daß wir die weidenden Ziegen, die einzigen Hausthiere der Bewohner, erblickten.

Die letzte Nacht vor der Ankunft in Civita-Vecchia war wieder sehr unbehaglich, die Bewegung war stärker und mit ihr der schreckliche Lärm in den gedeckten Räumen des Schiffes. Dickens in seiner nordamerikanischen Reisebeschreibung schildert mit beredten Worten jenen sinnverwirrenden Spectakel, bei welchem dem kranken Reisenden zugemuthet wird zu schlafen; jedes Brett, jeder Balken, jede Schraube, jede Angel, jeder Nagel, alles, alles was das Schiff bildet, die Bestandtheile vereinigt, jedes Ding hat seinen eigenen Schrei, bald dumpf, bald grell, ächzend, stöhnend, pfeifend, dann wieder tobend und knallend. In Mitten von all' dem liegt der arme Reisende, mühsam eingekeilt in dem möglichst engen und kurzen Bette, in welchem er nie in physische Ruhe kömmt. Bald schiebt ihn die Bewegung des Schiffes mit dem Kopfe, bald mit den Füßen gegen das Bettende, besonders wenn die Lagerstätte nach der Breite des Schiffes steht, wie auf der „Novara", da die Be-

wegung doch meistens eine rollende ist. Ich konnte mich
nie an diese Mühseligkeiten gewöhnen und mit stets zuneh=
mendem Grauen sah ich die Stunde herankommen, die
mich denn doch endlich in die Cabine trieb, um dort auszu=
harren, bis die alltägliche Ueberschwemmung auf dem
Verdeck, das Waschen und Scheuern, das Gießen und
Schwemmen, das von 4 bis 7 Uhr Morgens getrie=
ben wird, überstanden ist und man seinen Platz auf den
nassen Bänken wieder einnehmen darf.

Der 18. April hüllte uns in einen undurchdring=
lichen Nebel. Für mich hat es nie einen Vesuv gege=
ben. Plötzlich und unerwartet hatten wir Civita=Vecchia
erreicht. Der Hafen dieser Stadt ist so enge, daß es
für unsere stattlichen Fregatten nicht möglich war, in
denselben einzulaufen. Wir ankerten daher im offenen
Meer und es dauerte zwei Stunden, ehe es uns ver=
gönnt ward, mit Booten an's Land zu fahren, wornach
ich mich gar sehr sehnte.

Zuerst legte das gelbbeflaggte Sanitätsboot bei uns
an, dann kamen „le Maréchal duc de Monte-
bello" und der französische Minister Sartiges an
Bord, ihnen folgten die Vertreter Oesterreichs und
Belgiens und schließlich die vom Pabste zur Begrüßung
ausgesandten Cardinäle. Alle diese Herren wurden ge=
bührend empfangen, das Verdeck und die engen Räume
des Schiffes wimmelten von Uniformen aller Art.

Unter den Landsleuten gab es manch' guten Bekannten, dem man freudig die Hand schüttelte.

Endlich durften wir die unser harrenden Boote besteigen und in den Hafen einfahren. Große und kleine Schiffe aus aller Herren Länder hatten zur Begrüßung unserer Majestäten Flaggengala angelegt; Maste und Raaen waren mit Matrosen bedeckt, die ihre Mützen schwenkten und uns mit seemännischen Hurrah's begrüßten.

Gleichzeitig donnerten von Schiffen und Forts die Geschütze auf sinnverwirrende Art und als wir das Land erreichten, bliesen und trommelten die Päbstlichen und die Franzosen um die Wette. Letztere proclamirten das: „Par la grâce de l'empereur des Français" auf alle mögliche lärmende und auffallende Weise; ihre Truppen bildeten Spaliere, ihre Säbel und Bajonnete grüßten uns, ihre Wagen nahmen uns auf, ihre Arme geleiteten uns, es war ein Lärmen und Drängen, ein Schießen und Schreien, ein Klirren und Strampfen, ein Blinken und Winken, um den Verstand zu verlieren. Endlich saßen wir in den Coupé's des Extrazuges, der uns nach Rom bringen sollte und uns der alten Weltstadt, rüttelnd und stoßend, doch in großer Schnelligkeit zuführte. Größtentheils ging es über üppig wucherndes Wiesen- und Sumpfland, wo Büffel weideten und die Malaria „blüht!"

Nach Rom! nach Rom! — War es denn Wirklichkeit? Ja! Nach zweistündiger Fahrt lag es vor uns, das herrliche Rom mit der Engelsburg, der Peterskuppel, dem Coliseo, mit den Pinien und Cypressen des Monte Pincio, mit allem, was man hört, worüber man liest, wonach man sich sehnt sein Leben lang und das nun erreicht ist, wie durch den Zauberstab einer guten Fee.

Bei der Ankunft in Rom wurden wir wieder von Kanonen, Trommeln und Trompeten, rothen Hosen und Knebelbärten, von Lila-Mäntelchen, von Tausenden von Menschen und darunter von einigen guten Freunden empfangen. Durch enge, finstere, schmutzige Gassen, dazwischen Gärten voll blühender Sträuche, Ruinen von Ranken überwuchert, fuhren wir nach dem Palazzo Marescotti, wo uns Gutierez d'Estrada, des Kaisers thätigster Anhänger, beherbergte.

Und nun Bagage-Confusion, Hetze, große Toilette, Diner, alle Gräuel eines officiellen Lebens, denen die Großen der Erde nie entgehen und welche nur durch lange Gewohnheit erträglich gemacht werden.

Nach allen dem um 11 Uhr Nachts gingen wir nach dem Coliseo.

Der Mond schien hell und schön, als wir dort anlangten: der erste Eindruck war überwältigend, aber bald lagerte sich ein dichter Nebel um jene gigantischen Ueberreste römischer Pracht, römischen Uebermuthes, und als wir mühsam alle Stufen erstiegen hatten, entzog uns ein Schleier den Ueberblick, den wir gesucht. Mich aber ergriff der Schwindel, unter mir schaukelte und wegte es, als hätte ich noch das unsichere, schwankende Element unter den Füßen, das ich erst vor wenig Stunden verlassen hatte.

Es war ein Uhr, als ich übermäßig müde in mein Zimmer kam! Tags darauf waren wir um halb acht Uhr in der Peterskirche, wo Monsignore Nardi uns in den Katakomben Messe las; dann führte er und Monsignore Hohenlohe uns in die Peterskirche.

Ach! Die Peterskirche, der Petersplatz, mit den Säulengängen und den Springbrunnen. Die höchste Vollendung des Großartigen, des Ebenmaßes, des Edlen und Hohen! Wer hier länger weilen, alles dies sehen und wieder sehen dürfte!

Eiligst mußten wir wieder nach Hause, denn um 11 Uhr hatten wir Audienz beim Pabste. In hohem schwarzen Kleide und Schleier fuhren wir in den Vatican, an köstlich blühenden Rosenhecken vorüber. Wir wurden feierlich empfangen. Cardinäle, Monsignores, Nobelgarden in komisch-mittelalterlichem Anzug geleiteten uns zum Pabste, der uns mehrere Zimmer weit entgegenkam, rüstig, frisch, mit gesunder Gesichtsfarbe und un endlich gutem, ehrwürdigem Aeußeren. Alle knieten nieder; der Pabst segnete das Kaiserpaar, erhob es rasch und führte es in sein Cabinet. Eine Weile blieb er mit ihm allein, dann wurden auch wir hineingerufen. Wir machten die üblichen Kniebeugungen, er reichte jedem die Hand, man küßte den Ring an seinem Finger und er segnete jeden. Es war einfach und würdig durch die unendliche Ehrwürdigkeit seiner Person. Herzlich, schlicht und freundlich, ist er das Bild der Milde und christlichen Liebe.

Die Monsignore Hohenlohe, Talbott, Merode, Borromeo und mehrere Andere geleiteten uns hierauf zu den Galerien und Kunstwerken des Vatican. In wenigen Stunden durchflogen wir diese Räume.

Wenn ein großartiger Eindruck den andern jagt, so wird er beinahe ein Schmerz; dieses Gefühl hatte ich, als ich aus der sixtinischen Kapelle zu den Loggien, von Rafael's unvergeßlich herrlicher Freske: Der Engel bei Petrus im Kerker, zum Apollo von Belvedere, von der ergreifenden Gruppe des Laocoon zur Diana eilen mußte.

Hierauf traten wir auf den Balcon, von dem der Pabst am Auferstehungsfeste das versammelte Volk segnet. Man hat hier eine schöne Aussicht über die Stadt, über die Berge, deren Spitzen mit Schnee bedeckt waren, in die Gärten, die im Blütenschmucke prangten. Der Garten des Vatican besitzt herrliche Exemplare der Pflanzen des Südens. Die Luft war mild und rein, die Sonne glühend.

Als ich nach Hause kam, fand ich eine liebe Jugendfreundin, die sich in Rom ein schönes häusliches Glück gegründet hat.

Da die Majestäten ohne meine Begleitung zum Besuche der neapolitanischen Herrschaften fuhren, konnte ich mit der Freundin, so viel es die beschränkte Zeit erlaubte, einige Schönheiten Roms bewundern. Wir besuchten die Kirchen: Santa Maria Maggiore, San Giovanni di Lateran, San Pietro in Vinculis mit der herrlichen Statue Moses, von Michel Angelo. Letztere machte einen tiefen Eindruck auf mich, während ich, an die einfache Schönheit gothischer Kirchen gewöhnt, all' den Prunk an Marmor und Vergoldungen nicht nach meinem Geschmacke fand.

Dann eilten wir in die Villa Aldobrandini, der Freundin reizende Behausung. Sie liegt in einem Garten, über und über voll Blumen, Blüten und Ranken, alles üppig und wuchernd. Dazwischen stehen Pinien, Eichen, Palmen, Cypressen, Orangen, Camelienbäume, im vollsten Schmucke des Frühlings prangend, belebt durch Springbrunnen, geziert mit Statuen. Der hochgelegene Garten bietet eine schöne Aussicht in's Gebirge und ich fand hier im engen Raume vereinigt, die kühnsten Erwartungen übertreffend: Farbe, Duft, Licht, Wärme, Kunst und Natur, Reichthum und Glück. Zurück fuhren wir an den schönsten Plätzen, an den berühmtesten Kunstwerken Roms vorbei, nach dem Monte Pincio, von wo uns die weiteste, herrlichste Rundschau auf Rom und seine Umgebung vergönnt war.

Abends war Diner und großer Empfang. Die hohen Würdenträger der päbstlichen Regierung, die Botschafter und Gesandten waren zu ersterem geladen. Mich interessirte es sehr, Cardinal Antonelli, den mächtigen Minister des Aeußeren, zu sehen, mit dem klugen, scharf und fein geschnittenen Gesicht, eine hohe, schlanke, beinahe noch jugendliche Gestalt, dessen dunkles Haar einzelne Silberfäden durchziehen. Monsignore Merode, damals Kriegsminister, seitdem in Ungnade gefallen, war mein Tischnachbar und der geistliche Stand hinderte ihn nicht an liebenswürdigen Redensarten, an heiteren Scherzen und Neckereien. Sein schiefer Blick hatte etwas Störendes für mich und da mein Nachbar zur Linken, der damalige österreichische Botschafter Bach, an demselben Gebrechen leidet, so befand ich mich in einer Art Kreuzfeuer. — Merode, ein vornehmer Belgier, war in seiner Jugend Officier gewesen und hatte erst ziemlich spät den Säbel mit dem Brevier vertauscht. Seinem ganzen Wesen hing noch etwas Soldatisches an und der Waffenrock mag ihn besser klei= den als die Soutane.

Unwillkürlich ließ ich meine Blicke von Einem zum Anderen von all' den hohen geistlichen Herren streichen und blieb forschend an ihren Gesichtszügen haften! Wie viele von ihnen mag wohl die göttliche Liebe, Demuth, Opferwilligkeit, Sorge für das eigene Seelenheil und

2*

jenes ihrer Mitmenschen bestimmt haben, diesen Beruf
zu ergreifen?

Ich fand kaum irgendwo eine Linie, die von sol=
chen Empfindungen Zeugniß ablegen wollte, und als ich
das blitzende Geschmeide, als ich die seltenen kostbaren
Spitzen betrachtete, die mit damenhafter Sorgfalt die
ernste, priesterliche Kleidung zierten, da erschrack ich bei=
nahe vor Besorgniß, einer von den frommen Herren
möchte sich den Zeitvertreib gegönnt haben, in meinen
Zügen Gedanken und Eindrücke lesen zu wollen.

Nach dem Diner versammelten die Salons des
Señor Gutierez d'Estrada alle glänzenden Namen
der römischen Aristokratie, darunter herrliche Frauen=
gestalten, deren Augen um die Wette funkelten mit den
Diamanten an ihrem Hals und in ihrem Haar.

Tags darauf erwiederte Se. Heiligkeit den Besuch
des Kaiserpaares. Noch ehe sein von sechs Pferden
gezogener Galawagen in die enge Gasse einbog, in wel=
cher der Palazzo Marescoti steht, verkündete das
Jauchzen und Schreien der ihn begleitenden Menschen=
menge die Ankunft des allerhöchsten Kirchenfürsten.

Kaiser und Kaiserin und die ganze Suite gingen
die Stiege hinab und empfingen ihn knieend. Dann ward
das ganze Haus zum Hand= und Fußkuß zugelassen,
und leutselig sprach der Pabst zu Jedem ein freund=
liches Wort.

Der alte Gutierez weinte vor Freude über die
Ehre, die seinem Hause widerfuhr. Er ist ein trefflicher,
wackerer Mann mit politischen Begriffen, die wohl bei
jetziger Zeit für jedes Land und jedes Volk eine Unmöglichkeit wurden, aber mit sittlichem Rechtsgefühl und
einer bei seinen Landsleuten und in seiner Heimat leider zur großen Seltenheit gewordenen individuellen
Rechtschaffenheit.

Nachdem der Pabst uns verlassen hatte, machte die
Kaiserin in meiner und des Obersthofmeisters Begleitung noch eine eilige Fahrt nach den berühmtesten Plätzen,
zu den Tempeln, Triumphbögen, Säulen und Fontainen,
nach den Kirchen, nach der Villa Borghese mit ihrem
herrlichen Park, wo Pinien= und Cypressengruppen, Blu-
menmassen und schöne Statuen eine Reihe entzückender
Bilder darbieten, von wo man die schönste Aussicht auf
ganz Rom genießt, wo mein Herz aufjauchzte vor Wonne
und doch wieder niedersank in Wehmuth, weil ich mich
losreißen mußte von all' diesen Schönheiten, ehe ich nur
die Fähigkeit gehabt, sie völlig in mir aufzunehmen.

Wir hatten in Rom die vortheilhafteste Zeit gefunden; alles prangte im saftigsten Grün: die Glut der
Sonne hatte alles zu neuem Leben gerufen und noch
nicht versengend und zerstörend eingewirkt, wie dies in
späterer Jahreszeit so sehr der Fall sein soll.

Noch einmal im Leben möchte ich dorthin zurückkehren, vom Monte Pincio, von der Villa Borghese

herabblicken, Sanct Peter betreten und die Brücke, die
zur Engelsburg führt, die Fontana Trevi bewundern,
tausend Orte besuchen, zu denen ich nicht gelangen
konnte, ein Stückchen Leben dort zubringen im höchsten
und reinsten Genuß des ewig Schönen!

Von Tausenden von Menschen begleitet, begaben
wir uns um 4 Uhr desselben Tages nach dem Bahnhof
und Dampfeseile entführte uns gegen Civita=Vecchia.

Ich kann nicht schildern, wie schwer mir diese Ab=
reise aus doppelten Gründen fiel. Rom zog mich eben
so sehr an, als die nun bevorstehende lange Seefahrt,
nach der Erfahrung meiner Seeuntüchtigkeit, mein
Inneres mit ernstem Bangen erfüllte. Doch blieb mir
keine Wahl und das kategorische Muß ist in solchen
Augenblicken ein gutes Ding, es bringt uns über die
Unsicherheiten und Feigheiten glücklich hinüber.

Unter erneuertem Kanonendonner und anderem
Spectakel fuhren wir in geschmückten Booten um 7 Uhr
Abends von Civita=Vecchia ab und steuerten der „No=
vara" zu.

—

Zweites Kapitel.

Die Cabine war bezogen, das Schiffsleben wieder
begonnen, die Fahrt durch das mittelländische Meer
ging glücklich von Statten. Unser Commandant Barry
versicherte uns, wir hätten keine bessere Zeit für unsere
Seereise wählen können, als die jetzige, und wirklich
war das Meer musterhaft ruhig. Die Luft war sehr
kühl; in Flanellkleidern saß ich auf dem Verdeck.

Den 21. April kamen wir ganz nahe an Caprera,
der Lieblingsinsel Garibaldi's, vorüber. Er war da=
mals eben in England, wo einige exaltirte Britten
sich alle Mühe gaben, ihn und sich selbst lächerlich zu
machen.

Die Insel zeigte sich kahl, felsig und rauh, nirgends
konnten wir eine Vegetation entdecken, und für Gari=
baldi's Wohl läßt sich nur wünschen, daß das Innere
des kleinen Eilands mehr Reize bietet.

Sehr schön und anziehend schien mir Corsica mit
hohen schneebedeckten Bergen, aber grünen Thälern; es

erregte in mir den Wunsch auszusteigen und Napo=
leon's Wiegenland zu durchstreifen. Daß sich in solcher
Abgeschlossenheit, in solcher ernsten und strengen Natur
tüchtige Charaktere bilden, erscheint folgerichtig.

Als wir die Meerenge von Bonifacio durchsegelt
hatten, war lange kein Land mehr in Sicht. Der Golf
von Lyon empfing uns etwas unfreundlich; in der
Nacht vom 22. zum 23. erhob sich ein starker Wind,
der im Laufe des Tages sehr zunahm, die ersten größe=
ren Wellen bildete und das Schiff in starkes Schwan=
ken brachte; die Stühle mußten angebunden werden
und die seeungewohnten Reisenden konnten sich nicht
von der Stelle rühren; das Wasser drang in Cabinen
und Magazine, viele unserer Vorräthe wurden un=
brauchbar.

Ein dichter Nebel entzog uns leider den Anblick
der Balearen und der spanischen Küste; zum ersten Male
aber schwammen Delphine an uns vorüber, die so men=
schenfreundlich geschildert werden, als suchten sie stets
die Nähe der Schiffe; doch hat der Dampf darin einige
Entfremdung hervorgebracht; die Thiere scheuen jene
unheimliche Macht, die mit Getöse die Wellen aufwirft
und in ihr Bereich tiefe Furchen schneidet.

Als wir uns Gibraltar nahten, goß es in Strömen;
doch ehe die Fregatte in den Hafen einfuhr, besserte sich
das Wetter. In meinen Regenmantel gehüllt, stand ich
auf dem Verdeck, begrüßte die Berge Afrika's, den herr=

lichen Felſen von Gibraltar und die dunkelgrünen Wellen
des Oceans, die ſich ſcharf abgrenzten vom blauen Mit=
telmeere. Es war am vierten Tage nach unſerer Abfahrt
von Civita=Vecchia, den 24. April.

Der Hafen war überfüllt mit Schiffen, wir hatten
weit geankert und es war ſchon zu ſpät, um noch an's
Land zu fahren; auch war die See ſtark bewegt. Das
Sturmſchiff des Hafens hatte die rothe Flagge gehißt.

Man hatte ſo viel zu ſehen, ſo viel zu bewundern,
daß die Zeit nicht zu lang wurde. Der Anblick iſt
wunderbar ſchön und großartig. Der Felſen erhebt ſich
ſenkrecht zu beträchtlicher Höhe in imponirender Form
und Größe. Von weitem erſcheint er kahl und unwirth=
bar, und die grünen Flächen, die man entdeckt, laſſen
nicht ahnen, welch' ſchöne Vegetation in dieſen Spalten,
aus dieſem ſteinigen Boden erblüht.

Weithin erſtreckt ſich die Stadt Gibraltar am Fuße
des Felſens und erklimmt ihn in geringer Höhe. Die
rieſigen Befeſtigungsarbeiten der Engländer, die den gan=
zen Felſen durchhöhlen, ſind nur bei genauerer Beob=
achtung ſichtbar. Unzählige Schiffe belebten den Hafen.
Die Flaggen aller Nationen wehten auf den Maſten, kleine
Boote ſegelten von Schiff zu Schiff, von dieſen zur Küſte,
es war ein ewiges Leben und Treiben, und da das Meer
ſelbſt im Hafen ſehr bewegt war, ergötzte uns der An=
blick des Tanzens der kleineren Fahrzeuge auf den Wellen,
das tiefe Hinabſinken in einen Abgrund, der ſie zu ver=

schlingen drohte, und gleich darauf das Wiegen und
Wanken hoch oben auf dem schlüpfrigen Gipfel.

Die Kohlenschiffe wurden mit kleinen Dampfern
herangeschleppt, die gleich muthigen kleinen Pferden
schnaubend und brausend unsere Fregatte umstanden,
beinahe ungeduldig des unliebsamen Aufenthaltes und
nach gethaner Arbeit geschäftig wieder forteilten. Schön
erstreckt sich das Meer vor unseren Blicken, begrenzt
von den kühnen und imposanten Formen der marokka-
nischen Berge. Hell und weiß funkelte die Stadt Ceuta
am afrikanischen Ufer.

Es liegt eine wunderbare Harmonie in dieser Natur; alles ist großartig angelegt und Vermessenheit dünkt
es einem und frevelhafter Uebermuth, daß der schwache,
stets todesbedrohte Mensch seinen kleinlichen vergäng-
lichen Zwecken alles dienstbar zu machen wagt: Ehrgeiz und Hochmuth sprengten den aus der Urkraft des
Weltalls entstandenen Felsen und das Meer, welches mit
einem Aufzischen ihn und seine Nußschale verschlingen
könnte, wiegt sie geduldig und gestattet, seiner Macht zu
trotzen, ja sie zu gebrauchen.

Ein Linienschiff, das aus dem atlantischen Ocean
kam, wurde längst von den Officieren unseres Kriegs-
schiffes beobachtet. Es nahte langsam und gewährte
einen traurigen Anblick: es hatte seine Takelage und
seine Boote verloren, seine Kanonen über Bord geworfen
und mußte nach einem, wie es schien, verzweifelten

Kampfe mit der Wuth der Elemente froh sein, den Hafen zu erreichen. Vielen unserer Herren war es ein alter Bekannter aus den italienischen Kriegen: „Il rè galant uomo", der seit Monaten vermißt war und den man an den Küsten Nordamerika's gestrandet glaubte. Zur kaiserlichen Tafel geladen, berichtete der Commandant über alle die Gefahren, die er und seine Leute überstanden hatten.

Am folgenden Tag ward uns vergönnt, in kleinen Booten an's Land zu fahren. Der Himmel war klar, die Beleuchtung schön, aber der Wind sehr arg. Die Fahrt nach der Küste dauerte eine halbe Stunde, die Wellen neckten uns, und spotteten unserer Ungeduld; die Ruderer mußten sich sehr anstrengen, ehe sie uns zum Landungsplatz führten. Und nun ging es den steilen schattenlosen Fußweg hinan, zu den Galerien und Felsengängen.

Ein englischer Unteroffizier, der sich freute, mit fremden Menschen in seiner Muttersprache verkehren zu können, sperrte uns die Thore auf und machte uns in schlichter und artiger Weise den Cicerone. Die Herren waren meist alle zu Pferde, meine Gefährtin und ich aber zogen es vor, den ermüdenden Weg zu Fuß zurückzulegen. Zum ersten Male spürten wir die Hitze des Südens; die Sonne brannte furchtbar auf dem Felsen, doch war die Lust des Sehens und das Interesse zu groß, als daß es störend auf uns gewirkt hätte.

Die in den Felsen gehauenen, ganz gedeckten, schönen und breiten Galerien boten endlich Schutz gegen die Sonnenstrahlen. Spiralförmig führen sie bis zur höchsten Spitze hinan und aus Lucken, an welchen Kanonen stehen, genießt man die schönste Aussicht. Es ist ein Riesenwerk und so eigen in seiner Art, daß seine Besichtigung jede Anstrengung lohnt.

Auf der Spitze des Felsens, am östlichen Ende steht einsam das Haus des Unterofficiers, welcher uns das Geleite gab. Hier bot er uns kurze Rast, Käse und einen willkommenen Trunk von limonade gazeuse. Dann ging es weiter auf sehr steinigem Wege, durch einen niederen Palmenwald, in welchem wir Affen sehen sollten. Doch spähten wir umsonst; entweder ist diese Erwartung das Einzige, was von den Thieren noch übrig blieb, oder sie fliehen die Neugierde der Menschen; wir bekamen keine zu Gesicht.

Der Rückweg führte durch die herrlichsten Gärten. Hinter den Mauern ragte weit der fruchttragende Cactus hervor, der mir damals noch fremd und als Symbol des Südens sehr erfreulich war; prächtige Bäume, deren Namen ich leider nie erfuhr, boten erquickenden Schatten, und Blumen und Blüten wucherten in unbeschreiblicher Pracht und Mannigfaltigkeit.

Erst im Süden weiß man, was ein Garten ist; dort gibt es nichts von jener ängstlichen Sparsamkeit, mit welcher die künstlich gezogenen und sorgsam verwahr-

ten Kinder unserer Treibhäuser dem kargen Boden, der
Unwirthlichkeit unseres Klima's anvertraut werden.
Ueppig wild blüht hier alles durcheinander, spottet der
ordnenden Hand und entfaltet sich zu einer Größe und
Vollkommenheit, die all' unser gewohntes Maß über-
schreitet und uns zu größter Bewunderung, zu freu-
digstem Entzücken hinreißt. Hier erhebt sich auch alles
zum Baum und man streckt den Arm meist aus nach
Blüten, zu welchen man sich bei uns tief bücken muß.
Nichts kränkelt, nichts kümmert, alles ist saftig, in
dunkler Färbung, in reicherer Fülle. So hatte ich mir
in meiner Kindheit die Gärten geträumt, von welchen
ich in den Märchenbüchern las, wo Menschen lustwan-
delten, denen nie eine Sorge nahte und welchen der
Zaubertrank einer guten Fee stets Schönheit und Jugend bewahrte.

Bei der Alameda angelangt, ruhten wir auf den
Bänken aus, ließen die schöne Welt an uns vorübergehen, fahren und reiten und erquickten uns an frisch
gepflückten Orangen, die man uns zum Kaufe bot.

Hier machten wir die Bekanntschaft des Gouverneurs von Gibraltar, General Codrington und seiner
Adjutanten, wovon uns einige stundenlang auf den
Felsen gefolgt waren, ohne uns erreichen und die liebenswürdige Absicht, uns Gesellschaft zu leisten, erfüllen zu können.

Die Stadt selbst ist nett und hübsch, der englische Geist der Ordnung und Reinlichkeit waltet auch
hier, trotz all' der diesem Principe so feindlichen Elemente von Mauren, Spaniern und Juden.

Die Dinerstunde zwang uns, zur „Novara" zurückzukehren. Schon vom Felsen aus hatten wir die zu-
nehmende Bewegung des Meeres beobachtet und nun
die größte Mühe, in unser „Gig" zu gelangen. Es hob
und senkte sich und spottete aller Berechnung. Nur nach
längerer Uebung gewinnt man den Vortheil, das Tempo
zu erhaschen, um mit beiden Füßen in das Boot oder
aus demselben zu gelangen. Die Fahrt war schrecklich;
die Wellen warfen uns bald hoch hinauf, bald tief hin-
unter, bald ganz zur Seite; es schien beinahe unmöglich, von den aufgethürmten Wogen nicht verschlungen
zu werden; ehe man es sich versah, stand man oben
wie auf hoher Thurmspitze und fuhr mit Blitzesschnelle
hinab in die schäumende Tiefe. Dabei war das Boot
so klein, daß uns kaum eine Handbreit von der Fluth
trennte. Die sonst so kühne Freundin an meiner Seite
verlor diesmal den Muth; es wurde geschrien und gebetet; aber der steuerlenkende Officier hinter uns und
die rudernden Matrosen lachten, und wenn auch durch-
näßt von den überspritzenden Wellen, kamen wir doch
glücklich zur „Novara", legten an und erreichten nach
manch' vergeblichem Versuche die auf das Verdeck führende Stiege.

Die Cabine des Kaisers versammelte uns heute in
ihrem heißen Raume zum Diner. General Codrington, mehrere andere englische Officiere, der österreichische Consul ꝛc. waren geladen. Mein Nachbar war
Fürst Hohenlohe, der unter dem Namen eines Grafen
von Gleichen in der englischen Marine dient. Die Königin widersetzte sich der Heirat des ihr naheverwandten
Fürsten mit Miß Seymour und wollte diese Ehe zu
einer morganatischen stempeln; da legte der Fürst seinen
Namen ab und führte als Graf Gleichen die zarte,
blonde Miß heim, die ich Tags darauf kennen zu lernen
Gelegenheit hatte.

Die englischen Officiere hatten Pferderennen veranstaltet und die mexicanischen Majestäten mit ihrer
cisatlantischen Suite dazu geladen. Dies gab uns Gelegenheit, Leben und Treiben, Land und Leute zu sehen,
die mir fremd waren.

Mit Freude steuerten wir am 26. April um
Mittag wieder dem Felsen zu, der sich streng und ernst
vor einem erhebt, in jeder Spalte aber und zwischen
jedem Stein die schönsten Blumen birgt. Dies hat für
uns arme nordische Menschen einen unbeschreiblichen
Reiz. Freilich hatten wir auch hier den günstigsten
Zeitpunkt getroffen. Wenn die Sonne Monate lang in
voller Glut auf den Felsen brennt, erstirbt die Vegetation unter ihren versengenden Strahlen, dann mag es

wohl traurig und dürr aussehen und dem Bewohner Gibraltar's der Aufenthalt peinlich und lästig werden.

Der Rennplatz war sehr hübsch; eine grüne Wiese zwischen dem hohen Felsen und dem Meere, gegen Norden begrenzt von den Sierren Spaniens. Ein eigenthümliches Getriebe entwickelte sich hier; es war mir viel interessanter, als ob das Pferd vom Capitän Smith oder Colonel John gewann.

Officiere kamen geritten, englische Damen erschienen zu Pferde oder in ihren Ponychaisen. Soldaten in rothen Röcken nahmen lebhaften Antheil. Dazwischen schrien und lärmten spanische Gassenbuben und boten Südfrüchte feil: lebendige Bilder Murillo's; gravitätische Mauren, mit dem Turban auf dem Kopfe und der bunten Kleidung, standen ernsthaft dabei, elegant gekleidete Herren verkehrten bald mit den Damen, bald mit den Reitern, Wetten wurden veranstaltet. Man stritt, scherzte und lachte. Die Kaiserin nahm im Wagen des Generals an der Seite der Miß Codrington Platz, der Kaiser mischte sich unter die Zuschauer.

Ich saß auf der Tribüne und weidete mich an der ganzen, mir so fremden und anziehenden Scenerie mit der lebendigen Staffage. Der helle Glanz, der warme Ton, welchen die südliche Beleuchtung über alles wirft, verliehen dem Ganzen einen Zauber, den nur jene begreifen, denen es vergönnt wurde, sich durch eigene Anschauung einen Begriff davon zu machen.

Nach dem zweiten Rennen wurden die Majestäten und wir in ein Zelt geführt, wo ein Frühstück bereitet war. Gräfin v. Gleichen, eine anmuthige und hübsche Frau, und Miß Codrington machten die Honneurs, die Officiere tranchirten und bedienten, es herrschte eine Artigkeit, eine Liebenswürdigkeit und dabei ein so vortrefflicher Ton, daß mir der beste Eindruck von englischer Gastfreundschaft blieb. Diesmal und stets, wenn der Contrast zwischen englischer und französischer Höflichkeit mir nahe trat, empfand ich lebhaft den großen Unterschied, der zu Gunsten englischen Wesens hervortrat. Jede Artigkeit trägt hier den Stempel achtungsvollster Ritterlichkeit, während man es dort höchstens mit einer Galanterie von sehr zweifelhafter Annehmbarkeit zu thun hat. Ich fand auch dort Ausnahmen und habe mich auch bei Franzosen an einer Wohlerzogenheit erfreut, die bei jeder Nation den Gentleman kennzeichnet, doch waren es eben nur die Ausnahmen, während ich auf meiner Reise, weder in Europa, noch in Amerika, je einem Engländer begegnete, bei dem ich mich nicht auf die wohlthuendste Art in guter Gesellschaft gefühlt hätte.

Um 4 Uhr verließen wir den Rennplatz: General Codrington und sein Adjutant begleiteten uns zu Pferd, führten uns durch die Stadt und durch einen prachtvollen, dem Hafencapitäne Mr. O'Mannly gehörenden Garten. Dieser erwartete uns mit seinem kleinen Dampfer am Landungsplatz und brachte uns auf demselben zur „Novara" zurück, wo wir die Herren wieder bei der Hoftafel sahen.

In der Nacht segelten wir ab; das Meer war sehr bewegt, der Sturm der vorhergehenden Tage hatte es in große Aufregung gebracht; es war, was man im adriatischen Meere: „mare morto" nennt. Langsam wälzen sich die Wellen in unabsehbarer Länge; sie schäumen nicht, sie werfen sich nicht auf; glatt ist die Oberfläche, aber das Schiff rollt über die breiten Rücken in tiefe Thäler und diese Bewegung war mir eine stets viel gefährlichere, als wenn sich das sturmgepeitschte Meer thürmt, das Schiff aber, mit den Segeln an den Wind gelehnt, von ihnen getragen wird.

Meine erste Bekanntschaft mit dem atlantischen Ocean war daher wieder eine sehr unangenehme; umsonst trachtete ich meine geschwächten Magennerven durch Sherry und Curaçao in Thätigkeit zu erhalten, auch dieses Experiment half nichts. Der ganze jämmerliche Zustand der ersten Tage kehrte wieder, doch besserte er sich am zweiten Tage.

Ich war diesmal nicht die einzige Kranke; viele unserer Reisegefährten waren auch Leidensgefährten und selbst die Kaiserin erschien erst spät Abends auf dem Verdeck — blaß und angegriffen. Schreibmappe und Bücher ruhten für kurze Frist.

Der Ocean war in der Nähe dunkelblau, wie tiefes Indigo, in der Ferne grau und bleiern, doch gab es

später Tage, an welchen er jene helle, himmelblaue Farbe
annahm, welche das adriatische und das mittelländische
Meer an schönen Tagen kennzeichnet. Die Begegnung
eines Schiffes war stets ein Ereigniß. Alles stand auf
der Lünette, um theils mit freiem Auge, theils mit dem
Fernrohr Rang und Nationalität des Schiffes zu er=
kennen, und als des Abends ein großer Dampfer an uns
vorbeisegelte, beleuchteten wir uns gegenseitig mit ben=
galischem Feuer, was einen sehr schönen Effect machte.
Diesmal war es das große Post= und Passagierschiff,
das den weiten Weg zwischen Rio Janeiro und Sout=
hampton zurücklegt, dem wir begegneten.

Die Temperatur auf offener See war trotz des nie=
deren Breitegrades empfindlich kühl und selbst in Sicht
von Madeira, am 29. April des Morgens, stand ich
noch im Plaid gehüllt auf dem Verdecke, aller Krank=
heit vergessend, in freudiger Ungeduld und Erwartung
des köstlichen Juwels, des Gartens des atlantischen
Oceans, des schönen vielgepriesenen Madeira, dem wir
nahten.

Zuerst ging es an den Islas desertas vorüber,
kleinen, felsigen, unbewohnten Eilanden, wo wilde Zie=
gen gar oft der Anstrengung der Jäger spotten, die von
Madeira herüberfahren, um sie zu erlegen. Lange um=
schifften wir Madeira, ehe wir in vorgerückter Morgen=
stunde die Hauptstadt Funchal erreichten und dort in
dem schlechten Hafen ankerten.

Die Insel, unverkennbar vulkanischen Ursprungs,
bildet unzählige Berge und Schluchten und erhebt sich
steil zu beträchtlicher Höhe. Der Besuch auf Madeira
ist mir leider nur wie ein flüchtiger Traum, doch ein
so schöner, wie ihn die Phantasie kaum zu erfinden ver=
mag. Wenige Stunden nur wurden uns hier vergönnt;
die Zeit wurde um so karger zugemessen, als die Insel
den Majestäten von früherer Zeit her wohl bekannt
war. Erzherzog Ferdinand Max und Erzherzogin
Charlotte hatten sie vor drei Jahren besucht und
letztere hatte sie mehrere Monate lang bewohnt.

Erst um zehn Uhr fuhren wir an's Land, — —
und an was für ein Land!

„Es blüht das fernste, tiefste Thal,
„Das Blühen will nicht enden!"

Dieses reizende Bild des Frühlings lag vor mir,
ausgestattet mit einer Verschwendung, mit einer Man=
nigfaltigkeit, die mit staunender Bewunderung erfüllen.
Wir gingen gleich zur Villa Davis, wo Kaiserin Eli=
sabeth von Oesterreich zur Herstellung ihrer zerrütte=
ten Gesundheit mehrere Monate verlebt hatte.

Die Villa selbst ist mit aller Bequemlichkeit und
der dem Klima angemessensten Zweckmäßigkeit erbaut.
Ihr größter Schmuck im Inneren ist nun das Bildniß
unserer schönen Landesmutter, das freilich eben so wenig
einen richtigen Begriff von dem seltenen Liebreiz dieser

hohen Frau geben kann, als meine Feder im Stande
ist, die Schönheit Madeira's zu schildern.

Die Villa liegt wenige Schritte von der See, in
einem Meere von Blumen. Nie sah ich so herrliche
Rosen! Und Verbenen, Betunien, Pelargonien, hoch=
blühende Heliotropen, doppelt so groß wie bei uns, in
höchster Farbenpracht, im bunten, üppigen, unaufhalt=
samen Durcheinanderblühen. Daneben standen wohl
gepflegt die seltensten Bäume: Magnolien, Araucarien,
Mimosen, Strelizien, Camelienbäume, Königspalmen,
Bananen, Ficus; das Ganze eingezäunt von Rosen= und
Heliotropenhecken, Orangen= und Feigenbäumen, Aloen,
Agaven und früchtetragenden Cacteen. Farbe und Duft
waren hier zauberhaft ausgestreut, so daß man sich
in ein Feenland versetzt glaubte. — Könnte ich doch
einen schwachen Abglanz der Wonne mittheilen, die mich
erfaßte! Alles jubelte in mir vor hohem Entzücken!

Ein Fichtenbaum, den nach Landessitte der Kaiser
zu Weihnachten der fernen Gemalin über das Meer
zugesendet hatte, ward von dieser in den Garten ver=
pflanzt; hier gedeiht er prächtig und freut sich des Bo=
dens und der Licht= und Wärmefülle! War es vielleicht
jener einsame Fichtenbaum, von dem Heine gesungen
hat und der sich nach der fernen Palme gesehnt? Dann
ward seine Sehnsucht erfüllt, denn wenige Schritte von
ihm erhob sie sich schlank und stolz, überragte ihn aber
weithin mit ihrem blättergekrönten Haupt.

Eiligst besuchte ich die junge, interessante Bild=
hauerin Elisabeth Ney, von der ich viel gehört und
deren schönes Porträt von Wilhelm Kaulbach ich be=
wundert hatte. Unter Rosen und Orangenbäumen hatte
sie sich ihr Atelier aufgeschlagen, eine Umgebung, die
der jungen und anmuthigen Priesterin der Kunst gar
wohl stand. Leider durfte ich mich durch ihre liebens=
würdige Persönlichkeit, durch das Interesse, welches ihre
genialen und schönen Arbeiten erweckten, nicht fesseln
lassen; Madeira bot so viel des Guten und Schönen,
daß wir davon nur nippen konnten; jede Minute war
ein neuer Genuß.

Die Majestäten hatten in Begleitung mehrerer
Herren eine Reitpartie unternommen, meine Gefährtin
und ich mit dem übrigen Theile der Gesellschaft nahmen
einen anderen Weg. Nach einem köstlichen Frühstück
von Erdbeeren, Orangen, Bananen und etwas prosai=
scheren Beefsteaks wurde eine Promenade nach dem
Arrebantãs=Berge unternommen, auf welchem die Wall=
fahrtskirche von Nostra Senhora de Monte und die Villa
Gordon interessante Zielpunkte bilden. Die Damen be=
stiegen einen großen, rothgefütterten, halb bedeckten, mit
zwei Ochsen bespannten Schlitten. Die Herren waren zu
Pferde. So ging es den furchtbar steilen, mit kleinen
Steinen gepflasterten Weg hinauf, wohl über eine Stunde
lang. Es war sehr beschwerlich für die armen Thiere,
die von den ungemein häßlichen und schmutzigen Ein=

geborenen mit Stangen, an welchen spitze Nägel ange=
bracht sind, angetrieben wurden; eine von allerlei un=
articulirten, kaum der Menschenstimme ähnlichen Tönen
begleitete Aufmunterung.

Wenn überhaupt etwas den Zauber bannen kann,
der über jenes Blumenreich ergossen ist, so sind es die
Menschen. Die Eingeborenen tragen ein so trauriges
Gepräge von moralischer und physischer Verkommenheit,
haben mit ihren kleinen Käppchen, welche nur den ge=
ringsten Theil des Kopfes bedecken können und am ober=
sten Ende eine 6 Zoll lange in die Höhe stehende
Röhre bilden, ein so erbärmliches, affenartiges Aus=
sehen, daß der Contrast mit der übrigen so reich aus=
gestatteten Natur ein gar trauriger ist.

Die Europäer, meist Engländer, abgezehrte, brust=
kranke, in dem milden, schönen Klima ihr Leben zu
verlängern suchende Menschen, liegen bleich und abge=
magert in Hängematten und werden von Dienern und
Eingebornen die schmalen und steilen Straßen der Stadt
herab oder hinaufgetragen, was einen sehr traurigen,
herabstimmenden Eindruck macht.

Graf Farrabo, ein Portugiese und Madeiraner
Gutsbesitzer, war unser Wegweiser und sehr liebenswür=
diger Cicerone. Wir fuhren durch Gärten, deren Blumen
weit über die Mauer herabfielen, durch Laub= und Na=
delholzwälder, neben welchen Bananensträuche und Pal=
men stehen und hatten tiefe Blicke in die von Wasser

durchrieselten Felsenthäler und über das Meer bis zu den islas desertas. Endlich am Ziele angelangt, besahen wir den Garten der Villa Gordon, dem jede ordnende Hand fehlt, der uns aber durch das Chaos von Blumen, durch die Ungebundenheit seiner Vegetation, durch seine schöne Aussicht entzückte. Dann ging es wieder hinab, aber nicht mehr zu Pferde, oder in ochsenbespannten Schlitten; wir setzten uns in kleine unbespannte Strohschlitten zu zwei und zwei, einige Eingeborene hockten rückwärts auf, leiteten das Gefährt mit Fußstößen, und mit Blitzesschnelle, wie von Eisbergen, rutschten wir in zehn Minuten den tausend Fuß hohen Berg herab.

Und nun mußte geschieden werden von der Villa Davis, von Madeira, von der ganzen überirdisch schönen Welt, die sich uns hier entfaltet hatte, aber auch für lange, peinlich lange Wochen vom Lande, vom festen Boden, von der altgewohnten Mutter Erde.

Am selben Abend wurden die Anker gelichtet.

Drittes Kapitel.

Das atlantische Meer. Passatwinde. Leiden und Freuden der See=
fahrt. Die Martinique. Jamaica. Der Meerbusen von Merico.
Am Ziel.

Mit dem Abschied von Madeira begann erst der volle Ernst der Reise. Bis dahin hatte die Seefahrt nie länger als vier bis fünf Tage gedauert, ohne uns eine kurze Rast auf festem Boden zu gönnen. In 16 Tagen hatten wir dreimal gelandet, hatten beinahe fünf Tage in Rom, Gibraltar und Madeira zugebracht. Nun lag der atlantische Ocean vor uns in seiner ganzen Größe und mindestens 14 Tage sollten vergehen, ohne daß wir Land sehen konnten. Dies war ein imponi= render Gedanke!

Als wir am 30. April erwachten, lag das blü= hende Eiland, auf welchem wir einige unvergeßlich schöne Stunden zugebracht hatten, weit hinter uns.

Nun sollten wir in die Region der Passatwinde gelangen und den größten Theil der Ueberfahrt, bis zu den Antillen, blos mit Segeln zurücklegen, da unsere Fregatte, ursprünglich für keine atlantische Reise bestimmt, nur Kohlenvorrath auf 8 bis 9 Tage fassen konnte.

Der Ocean war bewegt, bleiern und häßlich, der
Himmel umwölkt; doch war die Brise gut und am ersten
Tag ging die Segelfahrt prächtig von statten. Es wurde
gescheuert und gewaschen; alles freute sich vom Kohlen-
schmutz befreit zu sein, Commandant und Officiere waren
fröhlichster Laune, denn die Segelfahrt ist des Seemanns
größte Lust und mit dem Dampf ging ein großer Theil
der Poesie und noch mehr der Geschicklichkeit und Ge-
nialität verloren, die diesen Beruf so anziehend machten.
Sich selbst, seiner Kraft, seiner Umsicht und Energie
mußte der Segelfahrer vertrauen, mußte es verstehen,
sich Wind und Wetter dienstbar zu machen; es war
eine ernste und schwere Wissenschaft, aber sie bildete
ihren Mann und wer sich Capitän eines Segelschiffes
nennen konnte und wettergebräunt von weiter Seereise
zurückkehrte, der hatte erlebt, gekämpft und erstritten,
der hatte all' seine Fähigkeiten, all' seine Kraft eingesetzt und in der furchtbaren Einöde des Meeres den
schönen Spruch bewahrheitet: Hilf Dir selbst, so wird
Dir Gott helfen.

Bei mir stellte sich leider allsogleich die bittere
Prosa der Seereise wieder ein; das Rollen und Schwanken waren stärker, die Bewegungen unregelmäßiger, das
Krachen und Stöhnen im inneren Raum noch ärger;
eine große moralische Niedergeschlagenheit ergriff mich
und es bedurfte all' meines festen Willens und alles
Scheltens und Neckens meiner Reisegefährten, um mich

zu jenem Widerstand, zu jener geistigen Elasticität zu erheben, die allein das physische Leiden zu überwinden im
Stande sind. Dennoch bleibt in meiner Erinnerung
diesem Theil der Reise der Stempel unendlicher Melancholie aufgedrückt. Das Gefühl der gänzlichen Trennung von den Meinen, die Unmöglichkeit einer Nachricht lagen wie ein Alp auf mir.

Das ewige Einerlei, das einem bei langer Seefahrt geboten wird, läßt der Phantasie einen unendlichen
Raum; nichts zieht ab, nichts Aeußerliches zwingt zur
Beobachtung, nichts zerstreut, man ist völlig auf sich
selbst, auf seine Gedanken und Empfindungen beschränkt,
man findet Zeit sich seinen traurigen Erinnerungen oder
aufkeimenden Besorgnissen in einem Grade hinzugeben,
der überwältigend auf das Gemüth wirkt. Oft dachte
ich mir: so muß einem Gefangenen zu Muthe sein, der
beschäftigungslos in den vier engen Mauern seines Ker-
kers sitzt. Für den Glücklichen, welcher der Seekrankheit nicht unterworfen ist, gestaltet sich das Leben ganz
anders; der liest und schreibt, beschäftigt sich mit größerer
Ruhe und Sammlung als irgend wo anders und labt
sich nach gethaner Arbeit mit dem größten Interesse an
dem Anblick jener gewaltigen Macht, jener in ihrem
Schooße so großen Reichthum, solche Mannigfaltigkeit
bergenden Natur. Nur ist das Meiste von all' dem ver-
senkt in unerreichbaren Tiefen und nebstdem fehlte unserer Reisegesellschaft ganz und gar der wissenschaftlich

gebildete Mann, der zu nennen, zu erklären, die Auf=
merksamkeit wach zu rufen verstanden hätte. Wie sehr
bedauerten wir dies auf dem Meer und auf dem Lande,
wo uns tausend Erscheinungen fremd waren und gewiß
vieles ganz unbeachtet an uns vorüberging.

Auch für die Andern war die Freude des Segelns
von kurzer Dauer. Ob wir selbst die Richtung nicht
einhielten, oder ob der Passatwind sich diesmal große
Unregelmäßigkeiten hatte zu Schulden kommen lassen,
weiß ich nicht; gewiß ist es, daß er immer schwächer
wurde und uns schließlich ganz im Stiche ließ. Wir
machten kaum drei Knoten in der Stunde. Die Con=
sternation war allgemein, denn ohne Passat und ohne
Kohlen konnten wir Veracruz nicht erreichen, ja nicht
einmal Martinique, unser nächstes Ziel.

Da gab es denn viel Hin= und Herreden, viel
Signalwechsel mit der Themis, viel Aufregung und
üble Laune bei den Officieren; endlich wurden die Kessel
wieder geheizt, beim Zunehmen des Windes wieder ge=
löscht, und von Neuem der Dampf zu Hülfe genommen,
als die Segel bald wieder schlaff herabhingen. So
ging es bis zum zwölften Mai und verlängerte unsere
Reise; da ward denn endlich der Entschluß gefaßt, uns
von der Themis, die weit größere Kohlenmagazine
hatte, remorquiren zu lassen, bis wir weit genug ge=
kommen waren, um dann selbstständig zu fahren und
mit unserem Kohlenvorrath bis Martinique auszureichen.

Auch dieser Entschluß erregte Unzufriedenheit und große
Meinungsverschiedenheit; die selbstbewußte Ueberlegen=
heit der „Themis" war schwer zu ertragen, das öster=
reichische Gefühl litt unter der Nothwendigkeit, sich
französische Dienste zu erbitten; als wir aber von der
„Themis" geschleppt, bei völliger Windstille ganz bewe=
gungslos über die spiegelglatte See glitten, befand ich
mich zu wohl dabei, um mich nicht darüber zu freuen.

Uebrigens hatte ich mich nach und nach etwas ge=
stählt, manchmal ein Buch, manchmal eine Arbeit zur
Hand nehmen können und endlich war ich selbst bei
etwas hoher See standhaft. Die Temperatur blieb bei=
nahe bis zum Wendekreis des Krebses kühl und auch
dann war es nur in den Cabinen unerträglich heiß. Auf
dem Verdeck, wo uns an windstillen Tagen, oder wenn
die Brise uns günstig war, ein Zelt vor den Strahlen
der Sonne schützte, umwehte uns eine köstliche, reine,
frische Luft. Es lockte auch die Kaiserin aus ihrer hüb=
schen, bequemen Cabine, in welcher sie emsig schrieb und
las, auf das Verdeck; dort machte sie ihre einförmige
Promenade und setzte in freier Luft ihre Beschäftigungen
fort. Selbst des Abends, wenn wir anderen in dem An=
blicke des Sonnenuntergangs versunken waren, schenkte
sie dieser Herrlichkeit nur kurze Aufmerksamkeit und blieb
beim matten Scheine der Schiffslaternen ihren Büchern
und ihrer Schreibmappe treu. Während einer einsamen
und ernsten Kindheit hatten sich ihre Lust am Lernen,

ihre Freude an Büchern, ihre Fähigkeit, sich das Ge-
lesene schnell anzueignen, gar sehr entwickelt; sie ent-
faltete dabei einen eisernen Fleiß und eine abgeschlossene
Aufmerksamkeit, denen ein vortreffliches Gedächtniß gar
sehr zu Hülfe kam. In kürzester Zeit wußte sie Sprachen
zu erlernen und neben dem Französischen, ihrer Muttersprache, schreibt und spricht sie das Deutsche, Englische,
Italienische und Spanische mit grammatikalischer Gewissenhaftigkeit und ohne je mit dem Worte zu zögern.

Mit Vorbereitungen zu ihrer künftigen Existenz,
mit Ausarbeitung ihrer Haus- und Hofordnung, mit
Arbeiten, welche ihr der Kaiser übertrug, verbrachte sie
nun die Zeit und war so sehr von dem Beruf erfüllt,
dem sie entgegenging, daß sie von allem Anderen beinahe unberührt blieb.

Auch der Kaiser war ununterbrochen beschäftigt und
kam wenig auf das Verdeck. Zu mehrstündiger Bera-
thung und gemeinschaftlicher Arbeit versammelte er täglich die Herren seiner Umgebung, worunter auch der
mexicanische Staatsminister Belasquez de Leon und
sein Secretär Angel Iglesias sich befanden. General
Woll, ein Mixtum compositum von deutscher Abkunft, französischer Geburt und Erziehung und mexicanischen Dienstleistungen, war Generaladjutant. Einen
jungen Mexicaner Ontiveros, der als französischer
Gefangener nach der Einnahme Puebla's nach Paris

gekommen war, hatte Kaiser Maximilian von dort in die Heimat mitgenommen.

An diesen Herren konnten wir nun im Vorhinein mexicanisches Wesen und mexicanische Art studiren und wirklich erwiesen sie sich als charakteristische Individualitäten. Señor Velasquez de Leon, ein alter Mann, dessen Jugendjahre in die Zeit der Befreiung des mexicanischen Reiches vom Mutterlande fallen, wuchs in noch etwas geregelteren Zuständen auf und sein Charakter konnte eine gewisse Festigkeit gewinnen, ehe die ewigen Umwälzungen, ehe Ehrgeiz und Habsucht, ehe alle Parteileidenschaften, ehe die gleiche Gewissenlosigkeit der Regierenden wie der Regierten auf Erziehung und Entwicklung der Einzelnen wie der Massen einen so demoralisirenden Einfluß nahmen; er ist gleich seinem Gesinnungsgenossen Gutierez ein Mann von zweifelloser Ehrenhaftigkeit. Schlicht, höflich, bescheiden, wortkarg, hörten wir kaum den Laut seiner Stimme. Die Mischung spanischen und indianischen Blutes, bei ihm sehr augenfällig, hat eine äußere Form gebildet, deren originelle Häßlichkeit kaum ihres Gleichen finden dürfte. Ihm wie seinem Secretär ist jene subtile Feinheit der Formen, jener Stempel natürlicher Wohlerzogenheit, die wir später bei seinen Landsleuten so oft wiederfanden, in hohem Grade eigen, nur trägt sie bei Angel Iglesias, dem noch jungen Mann von einnehmendem Aeußern, schon etwas jenes scheue, schüchterne, mißtrauische Ge-

präge, das in so charakteristischer Weise der jüngeren
Generation aufgedrückt ist. Beide Männer schienen sehr
gebildet. Iglesias ist ein junger Arzt, der seine Stu-
dien in Paris gemacht hat und sein Land und seine
Landsleute ganz objectiv beurtheilt, obwohl ihm wie den
meisten Mexicanern eine schwärmerische Liebe für seine
Heimat eigen ist.

Ueber Ontiveros will ich nur wenige Worte
verlieren, er vertritt Jung-Mexico von der unerbaulichsten
Seite. Eitel, weichlich, unverläßlich und wetterwendisch,
muthe ich ihm zu, sich stets jener Partei anzuschließen,
die ihm am meisten Gewinn verspricht. Diese Richtung
ist leider nichts weniger als vereinzelt in seinem Lande.

Der Wendekreis des Krebses war überschritten und
wurde zur Erheiterung der Matrosen festlich begangen,
eine Sitte, die gewöhnlich blos beim Uebergange des
Aequators beobachtet wird. Matrosen, als Neptun, Am-
phitrite und andere Meeresgötter und Göttinnen mas-
kirt, erschienen auf Triumphwagen auf dem Verdeck,
hielten Reden an den Kaiser und den Commandanten,
und versprachen den Ungetauften ihren Segen, worauf
das Signal zu einem allgemeinen Ueberschütten und Be-
spritzen gegeben wurde, wovon nur die Damen gänzlich
verschont blieben. Das Wasser floß in Strömen über
das untere Verdeck; schließlich tanzten die Matrosen
fröhlich beim Klange der Musik, welche eine gut ge-

schulte Bande ausführte und die uns täglich eine sehr
erfreuliche Erheiterung bot.

Je niederer die Breitegrade waren, in welchen wir
uns befanden, desto kürzer wurden die Tage. Um halb
sieben Uhr war Sonnenuntergang und diese Zeit bot
uns täglich den wunderbarsten Anblick mit den mannigfaltigsten Abwechslungen.

In keiner Beziehung läßt sich aber dieses Schau-
spiel in den Tropen mit jenem vergleichen, das uns
in nördlicheren Zonen geboten wird: hier ist alles Harmonie, Uebergang, ein Verschmelzen und Verglühen,
dort ist alles Contrast. Grell stehen die verschiedensten
Farben neben einander, dunkles Violett neben schreien-
dem Gelb in scharf gesonderten Streifen, helles Grün
neben feurigem Roth. Wie bei Nebelbildern verwandelt sich dann eine Farbe in die andere. Eine Wolke,
ein unterbrochener Lichtstrahl führen die auffallendsten
Veränderungen herbei. Das Meer, das eben noch in
seiner intensiven aber durchsichtigen Bläue vor uns lag,
nimmt nun in seinen feuchten Schooß all' die wech-
selnde Farbenpracht auf, leiht ihr neue Schattirungen,
neuen Glanz. Schnell aber tritt die Nacht hinzu und
wirft den Schleier über alle diese Töne; doch zündet
sie herrliche Lichter an am Himmel und im Meere.

Welche unnennbare, unendliche Schönheit entfaltet
die Nacht unter den Tropen! Das Schiff mit ausgebreiteten Segeln streicht lautlos durch die Wellen und

bezeichnet seine Bahn durch helle Feuerstreifen, die sich weithin erstrecken und nur in weitester Ferne allmählig erblassen; aus der Tiefe schnellen feurige Kugeln empor, bald gelblich funkelnd und bald bläulich.

So wenig man auch von den Sternen wissen mag, es ist Jedem klar, daß ein fremder Himmel sich über uns wölbt. Die Sterne funkeln wie bei uns im ärgsten Frost und fand ich auch als alten Bekannten den großen Bären wieder, so erschien er mir doch in ganz verkehrter Constellation. Der Orion, bei uns nur im Winter sichtbar, glänzt hier wunderbar schön im Westen; nicht fern von ihm funkelt der Stern aller Sterne, der Syrius, und wenige Tage nach unserer Abreise von Madeira erschien tief am Horizont, auffallend klar, das südliche Kreuz, das, je näher wir dem Aequator kamen, immer mehr sich erhob, immer größer und glänzender wurde.

Auch an dem treuen alten Mond entdeckten wir eine Veränderung: sein Licht ist goldener, röthlicher und die Lage der Sichel ist eine andere; sie steht nicht aufrecht wie bei uns, sondern liegt horizontal, in auf= oder abnehmender Richtung. Nie werde ich die milde Pracht dieser Abende, dieser Nächte vergessen; es ist eine Welt von Poesie, göttlich erhaben wie keine andere.

Auch bei Tage fehlte es nicht ganz an Interesse, an kleinen Abwechslungen; das Meer, das uns lange unbevölkert erschien, belebte sich endlich für unsere Blicke. Den Leib weit aus dem Wasser gehoben, gaben

Delphine uns öfters das Geleite: mit unglaublicher
Schnelligkeit, im ausgelassensten Spiel, jagten sie an uns
vorüber und auch die Hyäne des Meeres, der Haifisch,
folgte uns beutegierig, durch die klaren Wellen dem
Auge sichtbar. Schwärme von fliegenden Fischen wurden durch die Fregatte aufgescheucht. Schneeweiß flogen
sie in geringer Höhe über das Meer und fielen dann
wieder, hart bedrängt von ihren Verfolgern, denen sie zur
Nahrung dienen, in den Wellen ein. Die Schiffer des süd-
lichen Frankreichs nennen sie schön: „le blé de la mer.“

Am meisten freuten wir uns, wenn gleich schwim-
menden Rosen, Medusen von den Wellen geschaukelt
heran kamen. Diese merkwürdigen Thiere erregten unser
lebhaftes Interesse und haben längst die Aufmerksamkeit der Naturforscher in Anspruch genommen. Ein
kleiner Schirm, acht bis zehn Zoll hoch, durchsichtig,
von rosiger Farbe, erhebt sich über dem Meere; kein
anderes Organ ist sichtbar. Als auf Befehl des Kaisers
es einem Matrosen, freistehend auf weit vorspringender
Segelstange, gelang, mit dem Netz eines jener Thiere
zu fangen, konnten wir es näher besichtigen. Es war
eine weiche, gallertartige Masse, deren oberer Theil lebhaft rosenroth, der untere dunkelblau und violett gefärbt
ist. Acht lange Fäden von gleicher Farbe hängen herab,
deren Berührung den brennendsten Schmerz erzeugt,
ähnlich dem, welcher durch die Brennnessel veranlaßt
wird. Matrosen, die mit bloßem Leibe mit diesem Thiere

4*

in Berührung kamen und von seinen langen Fäden umstrickt
wurden, sollen vor Schmerz in Krämpfe verfallen sein.

Große Freude erregt es, wenn die ersten Vögel
sichtbar werden; sie verkünden das Herannahen des
Landes. Doch wie staunt man, wie weit sie sich heraus-
wagen! Tage lang ehe wir das Land erreichten, flog
ein großer Vogel, wahrscheinlich ein Tölpel (Sula)
auf das Schiff, sichtbar ermüdet, blieb lange auf einer
Segelstange sitzen, erhob sich dann wieder und setzte
seine Reise fort. Wohin? — Die reizenden im hellsten
Weiß erglänzenden Seemöven umkreisen das Schiff,
lassen sich auf den Wellen nieder, um von ihnen getragen und geschaukelt zu werden; dann umschweben sie, in
größerer Gesellschaft, mit lang ausgebreiteten, scheinbar unbeweglichen Flügeln von neuem das Fahrzeug,
eilen ihm weit voraus und kehren wieder als fröhliche
Reisegefährten.

Je näher wir dem Meer der Antillen kamen, desto
glühender brannte die Sonne, desto mehr verbreitete sich
eine schwere Luft, die den Schweiß aus allen Poren
trieb und des Abends mit großer Feuchtigkeit die Lehnen
und Bänke überzog. Kurze, aber heftige Regengüsse
erquickten uns manchmal und eines Abends bot sich uns
in beträchtlicher Entfernung der Anblick einer Wasser-
hose dar.

So neigte diese lange, siebzehntägige Ueberfahrt
sich ihrem Ende zu; die Sehnsucht nach festem Boden

unter den Füßen, nach einem Trunk frischen Wassers, den ich peinlichst entbehrte, sollte endlich erfüllt werden. Die „Themis" eilte uns voraus, um die Kohlenmagazine der Martinique für uns in Bereitschaft setzen zu lassen; einige Stunden später, den 16. Mai, führte uns der schwarze Lootse in den Hafen von Fort de France ein. Das Schiff wurde an den Hafenplatz angelehnt, wo Hunderte von Negern und Negerinnen in sehr mangelhaften Costümes beschäftigt waren, uns Kohlen zuzuführen. Gleichzeitig waren wir auf der anderen Seite von Schiffchen belagert, in welchen wieder Negerinnen saßen, die, in die buntesten, grellsten Farben gekleidet, mit ungeheueren goldenen Ohrringen geschmückt waren und sehr unternehmend aussehende Turbans auf dem Kopfe trugen. Schreiend und lärmend boten sie ihre Dienste als Wäscherinnen an oder brachten reiche Ladungen von Früchten. Es war die passendste Staffage für das uns umgebende Bild.

Lange kostbare Zeit wurde vergeudet, ehe wir an das Land gelangten. Sanitätsbehörden, Civil= und Militärautoritäten mußten zuerst empfangen werden. Mir brannten die Bretter unter den Füßen vor Sehnsucht, die liebe, lang entbehrte Erde zu begrüßen, die Herrlichkeiten der Tropen zu sehen. Endlich bestiegen wir die kleinen Boote; es war Mittag, die Hitze hatte eine bisher ungeahnte Höhe erreicht; Herren und Damen trugen weiße Mousseline auf den Hüten, die, turban=

artig umgewunden und mit langen Enden versehen,
Kopf und Hals vor den gefährlichen Strahlen der Sonne
schützten.

Wir landeten an der „Savanne", einem großen
mit Alleen von herrlichen Mangobäumen umgebenen
Rasenplatz, auf welchem die Statue der Kaiserin Jose-
phine, die auf Martinique geboren wurde, steht. In
der Nähe der Promenade liegt das ganz aus Holz gebaute Haus des Gouverneurs, Contre-Admiral Maus-
sion de Candé, eines schlichten, gutmüthigen, wenig
geschwätzigen alten Franzosen, der an der Seite seiner
Gattin eine etwas gedrückte Stelle einzunehmen schien.
Diese kleine, unschöne Dame erfreute sich in der Colonie des Rufes eines zänkischen und heftigen Charakters und ihr Name wurde mit geringer Liebe genannt.
Die zarteren Gefühle ihres Busens scheint sie auf Hunde
und Papageien zu übertragen. Gegen uns waren übrigens Beide sehr artig; sie führten die Majestäten in
Haus und Garten, der nicht gepflegt ist, aber Bäume,
Büsche und Blumen enthält, die Entzücken und Bewunderung erregen.

Was man in den Treibhäusern und botanischen
Gärten Europa's, sorgsam gepflegt und bewahrt, sich
aus engen Töpfen erheben sieht, das wuchert und blüht
hier in ungeahnter Größe und Ueppigkeit, und um den
Zauber zu erhöhen, schweben gleich fliegenden Juwelen,
in der Sonne funkelnd und strahlend, Colibri's von

Blumenkelch zu Blumenkelch, und summend wie Bienen saugen sie den Honig aus denselben mit ihren dünnen, langen Schnäbeln!

Nie kann ich es schildern, aber auch nie vergessen, welche Freude, welche Dankbarkeit mich in solchen Momenten erfüllten; immer wieder mußte ich mich fragen: ob es denn nicht ein Traum sei, der, im nächsten Moment gestört, mit all' seinen herrlichen Bildern zerrinnen würde.

Um zwei Uhr unternahmen wir eine Gebirgspartie nach dem Piton de Vauquelin, einem spitzen, zucker= hutförmigen Berg. Vertheilt in Wagen und zu Pferde ging es zwei Stunden lang einen vortrefflich gehaltenen Weg steil hinan, durch herrliche Wälder, in welchen uns nicht ein heimischer Baum wohlbekannt entgegen= winkte. Die Gegend ist wenig bebaut in diesem Theile der Insel; man begegnet nur einigen Feldern von Zuckerrohr, Cacaobäumen und Maniocpflanzungen, doch die herrlichsten Fächer= und Cocospalmen, Brodfrucht= bäume, Mango's, Farrenbäume, Mimosen, Bananen= sträuche, Bambus, Zapote's und tausend andere um= gaben uns, alle mit Blüten und Früchten behangen, verbunden und bedeckt mit Lianen, die ihre Blätter und Blüten mit jenen vereinen, Parasitpflanzen, Orchideen, dazwischen in Massen rothblühende Hibiscushecken, hohe breitblättrige Ricinusstauden, dazu die glühende Sonne der Tropen, der wundervoll durchsichtige Himmel, Berge

und Thäler, tiefe Schluchten: das ist die Zauberwelt,
in der wir lebten, und die eine Großartigkeit, einen
Reichthum, eine Schöpfungskraft entfaltet, welche einen
überwältigenden Eindruck auf uns hervorbringen, die
wir für unsere Bewunderung, für unser Entzücken an
ein Maß gewöhnt sind, das hier um so vieles über=
schritten wird. — Madeira ist ein herrlicher Feengarten,
Martinique ist die wilde, großartige, gewaltige Natur
der Tropen.

Von französischen Gendarmen zu Pferd und zahl=
losen Negern zu Fuß begleitet, erreichten wir unser Ziel;
die Neger hatten uns Zuckerrohre abgeschnitten, aus
welchen wir den kühlenden Saft tranken. Die heiße
Natur bietet überall selbst die Labung.

Auf dem Piton de Vauquelin steht ein hölzernes
Haus mit einer Verandah, von wo man eine wunder=
volle Aussicht auf die Bucht genießt. Hier wurde ein
schlechtes — doch vom langentbehrten Nektar, von frischem
Quellwasser begleitetes — Frühstück geboten. — Süd=
früchte wurden uns gereicht, schienen mir aber zu süß
und zu aromatisch; nur die Cocosnuß, deren halbreifen,
weichen Kern man gleich einer Crême mit dem Löffel
aus der Schale schöpft, und die Ananas finde ich vor=
trefflich. Von dort aus wurde eine Fußexpedition nach
dem ganz nahen Urwald unternommen, doch ward ver=
sichert, daß der Weg für Frauen ganz unübersteigbare
Hindernisse darbiete; die Kaiserin blieb daher in Be=

gleitung der „Gouvernante", wie in der Martinique die
strenge Gattin des Gouverneurs genannt wurde, am
Piton zurück und auch mich hielt mein Dienst an ihrer
Seite; meine muthige Gefährtin aber ließ sich nicht ab=
halten, die interessante Partie mitzumachen. Beinahe
senkrecht, auf schmalem Pfade, drangen sie vorwärts;
doch bald verlor sich der Weg im undurchdringlichen
Dickicht des jungfräulichen Waldes; sie stiegen nun in
das Bett eines Bergstromes und setzten dort, von Fels
zu Fels springend, steigend, bei völliger Glashaustem=
peratur, ihre Entdeckungsreise fort. Kein Windhauch
kühlt je die Atmosphäre, Schlingpflanzen umstricken die
Bäume, glühend rothe Orchideen bedecken sie, kein Vogel
dringt in dieses Dickicht, nur der Colibri scheint sich hier
wohl zu fühlen und hat es zu seinem Reiche erwählt.

Die Gesellschaft kam zwar sehr ermüdet, erschöpft
und glühend erhitzt, aber glückselig von diesem Ausflug
zurück. Der Freundin Anblick überzeugte mich, daß ich
recht gehabt hatte, in bescheidener Selbsterkenntniß, doch
mit schwerem Herzen zurückgeblieben zu sein; sie war
ganz athemlos und furchtbar erhitzt; manche Stelle hatte
sie nur mit Hilfe von zwei Herren, die sie beinahe
tragen mußten, überwinden können. Doch hatte sie nie
früher im Leben und auch nicht im Verlaufe unserer
späteren Reise je Schöneres gesehen, und wachend und
schlafend träumte sie von der Herrlichkeit des Urwaldes.

Der Kaiser genießt die Schönheiten der Natur mit
vollen Zügen und zollt ihnen die wärmste, lebendigste,
ungekünsteltste Bewunderung; alles war in gehobener
Stimmung, niemand wurde müde zu erzählen, zu beschreiben, sein Entzücken zu schildern.

Nach und nach kam köstliche Kühlung; bei ein-
brechender Nacht, aber bei schönstem Mondschein, fuhren
wir im gestreckten Galop den steilen Berg herab.
Schwärme von großen, leuchtenden Insecten glänzten
in den Gebüschen und in den Tiefen; es war herrlich!

Wie ungern bestiegen wir unsere „Novara", die
durch die Arbeit der Neger mit dichtem Kohlenstaub
bedeckt war. Doch verließen wir sie wieder nach dem
Diner, das erst um halb neun stattfand.

Um zehn Uhr Abends gingen wir an das Land,
um eine Beleuchtung zu sehen, die zu Ehren der Majestäten veranstaltet worden war. Die Savanne war
mit Guirlanden und Lustres von färbigen Lämpchen
geschmückt; der Anblick war sehr hübsch. Auf den Wiesen tanzten die Negerinnen ihren gräßlichen Bambula,
einen wahren Hexensabbath.

Wir drangen bis in ihre Mitte und ich gestehe,
daß mich eine Art Furcht ergriff, als uns das schreiende,
zerlumpte, schmutzige Volk umringte, sich an uns preßte
und drängte, sich immer mehr ansammelte, so daß wir
von Tausenden umgeben waren. Beim grellen Feuer-
schein, beim Klang des Tambourin, unter lebhaften

Geberden, häßlichen Verzerrungen führten die schwarzen
Weiber ihre Tänze auf. Nie erschien mir das Unschöne
in so widriger Form, nie sah ich bei Frauen solch'
freches, thierisches Wesen, niemals früher kam mein Gefühl in so argen Conflict mit meiner innersten, tiefsten
Ueberzeugung von den strengsten Pflichten und Rechten
der Humanität. Auge, Ohr und Nase wurden auf das
Empfindlichste beleidigt. Ich war froh, als wir zu den
Alleen zurückkehrten, die wir lange durchwandelten, immer gefolgt von einer unübersehbaren Masse heulender,
schreiender, singender Neger; sie wollten, wie es schien,
dem Kaiser eine Huldigung darbringen, denn immer
wieder drang der Refrain zu uns: Vive l'empereur,
vive la fleur embaumée!

Die Colonie ist sehr im Verfall; die nun größtentheils in die Hände der Neger gerathenen Besitzungen
werden sehr vernachlässigt, die Zahl der weißen Einwohner nimmt immer mehr ab. Ihre Existenz unter der
vier- oder fünffach überlegenen Zahl von Schwarzen,
welche ihre frühere Bedrückung durch maßlosen Uebermuth rächen, ist ganz unerträglich geworden. So wunderbar schön dieses Land auch ist, so muß das Leben
im täglichen Contact mit Menschen auf einer so niederen Bildungsstufe, denen ein langes Sclaventhum den
Stempel tiefster Entsittlichung und moralischer Ernie-
drigung aufgedrückt hat, ein höchst peinliches sein. Gewiß gibt es auch hier Ausnahmen. Herzensgüte, An-

hänglichkeit und Großmuth sind Eigenschaften, die sich
bei einzelnen Individuen im hohen Grade entwickeln,
aber lange noch wird die Racenfeindschaft hier fort=
wuchern, noch lange wird der Weiße mit großer Ver=
achtung auf den schwarzen Mitmenschen blicken, noch
lange wird es ihm dieser mit Tücke und Insolenz loh=
nen, wo er seine Gewalt nicht zu fürchten hat.

Hier, wie in so vielen anderen Fällen, möchte man
Jahrhunderte überspringen, in der Hoffnung, einen Fort=
schritt, einen Ausgleich zu erleben, alte Wunden ver=
narbt, alte Einflüsse verwischt, die besten Keime aber,
wohl gepflegt und veredelt, entwickelt zu sehen. Ob diese
Hoffnung wohl in Erfüllung gehen würde?

Den 17. Mai Früh verließen wir Martinique, die
wir ein halbes Jahr später wieder besuchten. Die Fahrt
durch das Meer der Antillen war furchtbar heiß, die
Luft drückend schwer und feucht, doch ging alles glücklich
und ereignißlos von statten und den 21. Früh lag
Jamaika als eine herrliche, bis in's Meer herab be=
waldete Bergkette vor uns. Der höchste Berg ist über
7000 Fuß hoch.

Als man in Spanien den heimgekehrten Columbus
aufforderte, den ersten Anblick der neu entdeckten Insel
zu schildern, nahm er einen Bogen Papier, zerknitterte
ihn in den Händen und legte ihn dann auf den Tisch.
Der Begriff, den er dadurch gegeben hatte, ist ein ganz
richtiger; Jamaika ist, wie alle Antillen, vulkanischen

Ursprungs, und es ist klar und sichtbar, wie ein inneres
Wühlen all' diese Berge, Hügel und Erhöhungen ge=
bildet hat.

Viele Stunden lang umschifften wir die Insel,
ehe wir Port Royal erreichten und Anker warfen. Der
uns entgegenfahrende Lootse versicherte gleich, daß kein
gelbes Fieber auf der Insel sei und hiemit war die in
Frage gestellte Ausschiffung günstig beantwortet. Die
Forts und das vor Anker liegende Admiralschiff be=
grüßten uns mit den obligaten Kanonenschüssen, die stets
von der „Themis" beantwortet wurden. Admiral Sir
James Hope, mit zahlreicher Suite, kam an Bord
und verzögerte unsere Ausschiffung.

Den Admiral, welcher Gouverneur von Canada
und allen britisch=amerikanischen Colonien ist, hatte eine
Inspectionsreise nach Jamaika geführt; er war eben im
Begriff, nach Halifax abzusegeln, als wir in Sicht
kamen. Er verschob nun seine Abreise und stellte sich
mit großer Courtoisie dem Kaiser zur Verfügung. Wir
standen auf dem Verdeck und labten uns an dem schö=
nen und fremdartigen Anblick, der sich uns bot. Die
Häuser von Port Royal sind alle aus Holz gebaut,
mit Säulengängen und Verandahs geschmückt und mit
grellen Farben bunt bemalt. Die einzigen Bäume, die
sich in großer Menge und riesiger Höhe erheben und
jedes Haus umgeben, sind Cocospalmen. Dies verleiht
dem ganzen Bild den eigenthümlichsten Anstrich.

Als der Besuch des Admirals vorüber war und unsere Boote endlich bereit standen, war es zu spät geworden, um nach Kingston, der militärischen Haupt= stadt der Insel zu fahren und so landeten wir in Port Royal und besuchten das Haus des Commodores, das zwar auch aus Holz, aber sehr luftig gebaut und mit allem englischen Comfort ausgestattet ist.

Der Besuch war kurz, die Majestäten wehrten dankend jede Begleitung ab, und nun verloren wir uns in die engen Gassen von Port Royal und drangen etwas zu tief ein in die Mysterien des Negerschmutzes.

Von allen Seiten lief die schwarze Bevölkerung herbei, um uns zu sehen, vorzüglich Weiber von un= geheuerer Corpulenz und allerliebste kleine nackte Neger= kinder, die ganz zutraulich wurden. Doch war ich froh, als auch der Kaiser die Lust verlor, die Entdeckungs= reise fortzusetzen und zur Umkehr mahnte.

Lange gingen wir dann noch auf der Plage spa= zieren, die, sandig und häßlich, nur mit verkrüppelten Cactussträuchen bewachsen ist; doch flogen reizende, viel= farbige Vögel von einem Strauch zum andern und die Brandung des Meeres war schön. Leider konnte dieser Tag nicht besser benützt werden; desto genußreicher war der darauffolgende.

Die Regenzeit, die mit uns auf den Antillen ein= gezogen war, hatte in der Nacht die erste erquickende

Fluth über die Erde geschüttet und so war es Morgens beinahe kühl.

Um fünf Uhr hörten wir die Messe und um halb
sechs erwartete uns Sir James Hope mit seinem
herrlichen Dampfer „Barcoutta" und brachte uns nach
Kingston. Wir befanden uns an Bord mit einem Bären, einem kleinen Leoparden und einem Faulthier, die
frei und vertraulich um uns herumstiegen.

Kingston liegt in einer anderen Bucht als Port
Royal, ist amphitheatralisch am Abhange eines Berges
gebaut und sieht von der Entfernung sehr schön aus,
ist aber in der Nähe ekelhaft schmutzig wie alle Neger-
städte. Wir wurden vom Militärgouverneur General
Ashmore, vom Civilgouverneur Mr. Eyre und
anderen Herren empfangen. Im Hause des Generals
tranken wir a cup of tea und dann ging es in sechs
Wagen landeinwärts, an reizenden Villen vorbei, in's
Gebirg.

„It is a splendid country!" sagen die Engländer
und wie wenig sagen sie damit. Die Schönheit der
Vegetation läßt sich nicht schildern, sie ist übermächtig
herrlich! Die Wege sind vortrefflich, in gut geführter
Serpentine fuhren wir durchaus an Abgründen vorüber.
Und wie grün überwuchert sind diese Felsen, wie sind
die mächtigen Bäume mit Lianen, Blüten, Blumen und
Früchten bedeckt! Dazwischen liegen reizende Villen,
schlängeln sich krystallhelle Bäche und an dem allen

haftet die Großartigkeit, die Eigenthümlichkeit dieser
Natur, das uns so Ungewöhnliche des Bildes, die
Wunder der Tropenwelt. Dies ist hinreißend, wahrhaft
erschütternd! — Viele Blumen unserer Gärten wuchern
hier als Unkraut. In den Gassen der Stadt, am Rand
der Straße, blüht die Vinca rosea, überall stehen dichte
Büsche von Lantanen in allen Schattirungen von roth
und gelb. Schöne, dunkelblaue Blumen wußte mir
unser englischer Begleiter nicht zu nennen.

Die Gegend, die wir hier durchfuhren, ist viel
cultivirter als jene der Martinique. An einem schat=
tigen Bergabhang, am Ufer eines Baches, nahmen wir
ein Frühstück ein, große Spalten saftiger Ananas boten
köstliche Labung. Dann ging es wieder den Berg hinab
und unsere Negerkutscher ließen sich in ein förmliches
Wettrennen ein; es brachte uns einige Male nahe an
den Abgrund und in Collision mit den anderen Wagen.

Beim General A s h m o r e hatten wir noch ein
großes Luncheon; Melonen, Muscattrauben von kolossa=
ler Größe, Ingwerconfitüren, Ananas, alle Süßigkeiten
des Landes und vor allem köstliches kaltes Wasser
wurden uns in reichem Maße geboten; dann führte uns
unser liebenswürdiger Sir James Hope an Bord der
„Barcoutta" zur „Novara" zurück und hier nahmen
wir mit herzlichem Handschlag Abschied von ihm, nach=
dem er uns zu einem Besuch nach Halifax eingela=
den hatte.

Noch am selben Abend um halb sechs Uhr wurden die Anker gelichtet und wir fuhren bei strömendem Regen und sehr hoher See ab.

Die ersten Tage waren unangenehm, da ein Gewitter das andere ablöste und der Himmel alle Schleusen öffnete, um eine Wassermasse herabzuschütten, die über Deck und Treppen strömte und alles in die Cabinen trieb. Nur mich schwemmte sie nicht hinab; die große Kajüte war mir im Lauf der Zeiten eine so verhaßte Räumlichkeit geworden, einige mißliebige Persönlichkeiten hatten mir den Aufenthalt daselbst so verleidet, Unordnung und Unsauberkeit hatten dort so sehr zugenommen, daß mir jedes Unwetter auf dem Verdecke lieber war als jener Zufluchtsort. — Von Kopf bis zu Fuß in englische Impermeables gehüllt, den Stuhl auf eine Kautschukdecke gestellt, die ich dann noch über mich heraufschlug, ließ ich es auf mich herabströmen und schlürfte die nach der vorhergegangenen Hitze so wohlthätige Kühle ein.

Das Meer war manchmal ziemlich bewegt; eines Nachts kam ein heftiger Windstoß, die Wellen schlugen über das Deck und drangen in alle Cabinen der rechten Seite, daher auch in die meinige. Ich wachte auf, hörte rauschen und wogen, streckte die Hand hinab und tauchte damit in das Wasser. Wie Schifflein schwammen meine Pantoffeln herum. Zum Glück konnte ich die Klinke erreichen; ich öffnete die Thüre, um nach Hülfe

zu rufen. Stürmisches Läuten erscholl aus der eben=
falls mit Wasser gefüllten Kajüte der Kaiserin, überall
wurden die Thüren geöffnet, überall war dieselbe Noth!
Nur die Bewohner der Leeseite lagen im Trockenen
und lachten. — Die Matrosen schöpften über zwanzig
Eimer aus meiner Cabine!

Je näher wir aber unserem Ziele kamen, desto
mehr gelangten wir aus der Region des Regens, und
den 25. Mai, an einem herrlichen, beinahe kühlen Tage,
fuhren wir zwischen Yucatan und dem Cap San Antonio (Cuba) in den mexicanischen Meerbusen ein, dessen
oft so gefährlichen Gewässer uns spiegelglatt aufnahmen.
Glücklich segelten wir an vielen Riffen, an vielen Ko=
ralleninseln vorbei und endlich nach vierundvierzigtägiger
Reise nahten wir der Küste Mexico's. Leider war der
Horizont bewölkt. Der Pic von Orizaba, der gewöhn=
lich der Erste mit seiner schneeweißen Spitze dem un=
geduldig forschenden Auge des müden Seereisenden sicht=
bar wird, war ganz verschleiert; der Cofre de Perote
aber, mit seinem breiten, ausgedehnten Rücken, wurde
von uns mit Freuden begrüßt. Und so lag es denn vor
uns, das feste Land von Amerika, das je betreten zu
können mir in früheren Jahren ganz undenkbar schien.

Mit welchen Empfindungen mag Kaiser Maxi=
milian die neue Heimat, das neue Reich, die neue
Stätte seines Wirkens, seines Glücks oder Unglücks,
seines Ruhmes oder seiner bitteren Enttäuschung begrüßt

haben? Ruhig und heiter blickte er in die Ferne, und wenn Bangen und Sorge in diesem Augenblicke sein Herz ergriffen, wie es ja wohl kaum anders möglich war, so verrieth doch keine Miene, was in seiner Brust vorging.

Den 28. Mai 1864, um zwei Uhr Nachmittag, fuhren wir an dem Fort San Juan de Ulloa, das auf einer kleinen Felseninsel erbaut ist, vorbei und warfen Angesichts der Stadt Veracruz die Anker.

Viertes Kapitel.

Kaum scheint es möglich, in der neuen Welt an einem Orte zu landen, dessen Anblick so wenig geeignet ist, die ungeduldige Erwartung zu befriedigen, mit welcher man dem fremden Welttheil naht, als dies in Vera=cruz der Fall ist. Die Küste ist flach, sandig, ohne jeg=liche Vegetation. Die dächerlosen weißen Häuser der Stadt, die in geraden Linien gebaut sind und regel=mäßige, breite Straßen bilden, geben dem Ganzen den Anstrich eines großen Kirchhofes und leider nicht mit Unrecht.

„La villa rica de la Vera Cruz", von Cortez gegründet, ist einer der ungesundesten Orte der Welt. Acht Monate des Jahres wüthet hier das gelbe Fieber und lichtet die Reihen der Europäer, welche Handels=interessen hieher geführt haben, oder auch jener Mexi=caner, die in höher gelegenen Theilen des Landes ge=boren und genöthigt sind, längere Zeit in der gefürch=

teten Hafenstadt zuzubringen. Für die in Veracruz Geborenen sind die schädlichen Miasmen der Stadt ganz
ungefährlich. Die Ursachen der besonderen Heftigkeit
dieser Krankheit liegen theils in den, die freie Luftströ-
mung hindernden hohen Sanddünen, theils in Morästen,
welche die Stadt umgeben und durch die Verwesung
von Pflanzen und Thieren schädliche Dünste verbreiten,
theils in dem schlechten Trinkwasser und der in Veracruz herrschenden großen Hitze.

Um den Stempel der Melancholie noch tiefer ein-
zudrücken, lag an einem Korallenriff das Wrack eines
hier gestrandeten französischen Schiffes.

Westlich von uns, an der Insel Sacrificio, hatte
die französische Flotte ihren Ankerplatz erwählt. Dieser
gegenüber, an der Küste des festen Landes, liegen in
weiter Umfriedung die vielen Tausende von Franzosen
begraben, welche bei Beginn der Expedition unter dem
Commando des wackeren Admirals Jurien de la Gra-
vière hier gelandet und ein Opfer der Seuche geworden waren. Ihre Landsleute haben mit traurigem Hu-
mor diesen Platz „le jardin d'acclimatation" genannt.

Die „Themis" war vorangeeilt und hatte unsere Ankunft angezeigt: dennoch blieb alles mäuschenstill. Nichts
regte sich im Hafen, nichts an der Küste. Der neue
Beherrscher von Mexico stand Angesichts seines Reiches
und war im Begriffe es zu betreten, aber seine Unterthanen hielten sich verborgen, niemand empfing ihn!

Es war ein unheimliches Gefühl für alle, der Kaiser aber bewahrte eine sarkastische Ruhe. Es schien, als ob er Lust hätte, seinen ziemlich beißenden Witz gegen sich selbst zu kehren.

Die Luft war schwül in jeder Beziehung; endlich klärte sich die Situation. General Almonte, der bis zur Ankunft des Kaisers und während der Zeit der Unterhandlungen wegen Uebernahme der Krone die Zügel der Regierung geführt hatte, erwartete die Nachricht der Landung in Orizaba, da die Furcht vor dem gelben Fieber ihn und seine Suite so lange wie möglich von Veracruz fern hielt. Von dort bis zur Hafenstadt ist aber eine gute Tagereise Weges und so hatte er sie noch nicht erreicht.

Veracruz selbst war der neuen Gestaltung der Dinge keineswegs günstig gesinnt. Von seinen 8000 Einwohnern sind die meisten Ausländer, welche in Verbindung mit den großen Handelshäusern der Hauptstädte, die Unordnung benützt hatten, um sich durch Schmuggel und Umgehung der Gesetze zu bereichern. Jede feste und streng gehandhabte Regierung war ihnen ein Gräuel. Der Präfect mit dem ayuntamiento (der Municipalität) der Stadt war in gänzlicher Rathlosigkeit dem General Almonte entgegengefahren. Nach einiger Zeit erschien der Befehlshaber der französischen Flotte, Contre-Admiral Bosse, mit seinem Adjutanten, beide wie es schien, in übelster Laune, weil der Kaiser ihrem An-

sinnen, in Mitte der französischen Flotte zu ankern,
nicht Folge geleistet hatte. Der Contre-Armiral trat
mit einer Rücksichtslosigkeit und Ungezogenheit auf, die
ihres Gleichen suchen und machte seinem Zorne Luft,
indem er uns in grellen Farben alle Gefahren und
Unannehmlichkeiten schilderte, denen wir hier ausgesetzt
seien. Vor allem versicherte er uns, wir hätten an
der verpestetsten Stelle geankert, unser Uebernachten
hier sei äußerst gefährlich: er citirte die Fälle, in welchen
in einer Nacht Matrosen und Passagiere das Opfer des
Vomito geworden, alsdann erzählte er von den Gefahren, denen wir bei der Landreise nach Mexico ausgesetzt wären, daß sich Banden gebildet hätten, mit dem
Vorsatz, das Kaiserpaar gefangen zu nehmen, und daß
General Bazaine nicht die Zeit gehabt, für dessen
Sicherheit zu sorgen ꝛc. ꝛc. In diesem Tone ging es
weiter. Es war das erste, aber leider nicht das letzte
Beispiel französischer Anmaßung, dem wir in Mexico
begegneten. Endlich gegen Abend kamen Almonte,
General Sala und alle Notabilitäten von Veracruz.
Almonte, der Sohn des aus den Befreiungskriegen
berühmten Pfarrers Morelos und einer Indianerin,
die ihn in den Bergen (al monte) gebar, machte auf
uns einen äußerst angenehmen Eindruck. In seinem gelblich gefärbten, aber wohlgebildeten Gesicht lag der Ausdruck von Güte und Freundlichkeit und sein Benehmen
war einfach, aber fein und höflich. Die Begrüßung

war ein Handschlag; damit wird jede Bekanntschaft in
Mexico eingeleitet, was uns anfangs biederer und zu=
traulicher erschien, als es gemeint ist.

Als die Nacht hereinbrach, wurden von dem Fort
San Juan de Ulloa Kanonen gelöst, die Stadt Veracruz
beleuchtete mit bengalischem Feuer und die französische
Flotte steckte ihre Lichter an alle Maste und ließ Ra=
keten steigen.

Niemand schlief an Bord, Erwartung und Auf=
regung waren zu groß. Um halb fünf Uhr wurde im
Zwischendeck Messe gelesen, um fünf Uhr bestiegen wir
die Boote, die uns dem Molo zuführten, an welchem
wir anlegten. Je näher wir der Stadt kamen, desto
merkbarer war der mephitische Geruch, der Veracruz
kennzeichnet. Das gelbe Fieber war vor kurzer Zeit
losgebrochen, in Folge der bei brennender Hitze abge-
haltenen Frohnleichnamsprocession; es ward uns daher
kein Aufenthalt in der Stadt bestimmt.

Mit dem Betreten mexicanischen Bodens war der
Dienst des österreichischen Hofstaates, der dem erzher=
zoglichen Paare bis hieher das Geleite gegeben hatte,
zu Ende. Mexicanische Damen sollten hier unsere Stelle
übernehmen, doch blickten wir umsonst nach ihnen; die
Furcht vor dem gelben Fieber hatte sie abgehalten,
schon hier ihre neuen Herrscher zu empfangen. Die
Bevölkerung von Veracruz war schwach vertreten; mit

einigen Triumphbögen und landesüblichen Petarden hatten sie sich abgefunden.

Der Empfang war äußerst kühl. Von den französischen und mexicanischen Civil- und Militärautoritäten begleitet, fuhren die Majestäten nach dem Platze, wo die Waggons ihrer harrten. Das Wort: Bahnhof ist hier unanwendbar. Die Waggons sind für die kurze Strecke bequem und praktisch gebaut, haben Sitze von Strohgeflecht und Jalousien, lassen der Luft freien Durchzug. Die Bahn selbst wurde von den Franzosen in großer Eile gebaut, um ihre Truppen so schnell wie möglich aus dem Bereiche der perniciösen Miasmen zu bringen. Dem verwöhnten Europäer flößt sie wenig Zutrauen ein. Der Luxus eines Bahnwächters ist ganz unbekannt, wäre auch hier beinahe unmöglich. Die Schienen führen über Sümpfe, durch Einöden, in welchen man nur verkrüppeltes und versengtes Gesträpp und einzelne Cactusstauden erblickt.

So fuhren wir eine Stunde lang bis Soledad, einem kleinen, ganz einsam gelegenen Ort, wo man in der Eile ein hölzernes Gebäude errichtet, es geschmückt hatte und in welchem man uns ein reichliches Frühstück bot. Eine Musikbande spielte, eine große Menschenmenge war versammelt; nach mexicanischer Gewohnheit wurde hier viel Zeit vergeudet und es war beinahe Mittag, als wir unsere Reise fortsetzten. Daß der Landstrich, in welchem wir uns befanden, die tierra caliente

(heiße Zone) war, darüber konnte kein Zweifel ob-
walten.

Der Dampf führte uns dann noch eine Stunde
weit bis Lomalto und hier hatte die Herrlichkeit mexicanischer Eisenbahnen ihr Ende. Wir verließen die
Waggons, um die bereit gehaltenen Wagen zu besteigen
und nun trennte sich auch die Karawane.

Die Majestäten wollten in kleineren Tagreisen und
mit längerem Aufenthalt den Weg nach der Hauptstadt
zurücklegen; die ganze Gesellschaft bestand aber aus
85 Personen und das Gepäck aus mehr als 500 Colli;
es war daher nicht möglich, genügende Unterkunft und
Beförderungsmitteln zu finden, wenn nicht eine Son-
derung geschah. Das Obersthofmeisterpaar und ich mit
einem Theil der Herren, welche ihren bleibenden Aufenthalt im Lande nehmen wollten, der Dienerschaft und
ihrer Familien, worunter sieben noch kleine Kinder,
reisten voraus. Lange standen wir auf der Heide, ehe
die Menschen und ihre Habseligkeiten sich gefunden
hatten, endlich wurden die Wagen bestiegen. Die Majestäten hatten ein englisches Reisecoupé, das seine solide
Bauart bewährte, denn es kam unversehrt bis Mexico.
Meine Gefährtin und ich bestiegen eine bequeme Ca-
lesche, während alle anderen in hohe, gedeckte Diligencen
untergebracht wurden, die für zwölf bis fünfzehn Personen berechnet sind. Jeder dieser Wagen wurde von
acht Maulesseln gezogen; voran waren zwei, dann vier

und dann wieder zwei gespannt. Bald hatten wir die
Niederungen verlassen und mit ihnen die Grenzen des
gelben Fiebers.

Das Gebirge, das wir lange von Ferne gesehen
hatten, trat immer näher heran, die Vegetation ward
immer üppiger und endlich fuhren wir den Chiquihuiti
hinan, einen hohen Berg mit dem vollen Reiz der Tro-
penherrlichkeit. Wieder waren die schönsten Bäume durch
Guirlanden von rankenden Gewächsen verbunden, wieder
waren Blumen von allen Farben über Berg und Thal
geschüttet. Besonders waren es Winden von tiefblauer
oder amaranthener Farbe und ungewöhnlicher Größe,
die um jeden Stamm bis zu den höchsten Gipfeln rank-
ten. Große orangegelbe oder im prächtigsten Blau schil-
lernde Schmetterlinge hielten ihr Festmahl. Vögel sahen
wir wenige und darunter leider nicht viel schöne.

Wir waren im Beginne der Regenzeit, die Wol-
ken sammelten sich, verdunkelten die Sonne, verschleierten
aber leider auch oft die Berge, so daß wir den
17.000 Fuß hohen Pic von Orizaba, den berühmten
Sternberg (Citlatepetl) der Azteken nur wenig sahen.
Freilich war nun auch die Hitze erträglicher, wir nahten
der tierra templada, der gemäßigten Zone, die sich ungefähr bis zum Plateau von Anahuac, der Hochebene,
auf welcher Mexico erbaut ist, erstreckt. — Diese Hochebene gehört trotz der köstlichen Milde ihres Klima's
zur tierra fria, zum kalten Erdstrich.

Die Gegenden, welche wir durchfuhren, sind bei=
nahe ganz unbevölkert; nur selten begegneten wir ein=
zelnen, aus Rohr gebauten und mit Palmen= oder Ma=
gueyenblättern gedeckten Hütten. Neugierig blickten die
hageren, gelben Indianer mit ihren sanften Rehaugen
aus denselben, oft trugen Männer kleine Kinder auf
dem Arm, oder saßen die Frauen mit Hühnern auf dem
Schooß, sie liebkosend. Sie machen einen einnehmenden,
beinahe rührenden Eindruck: den der größten Armuth
und Geduld. Bedürfnisse scheinen sie sehr wenige zu
haben, in geringem Maße das der Kleidung, in noch
geringerem das der Reinlichkeit. Doch kündigen sich ihre
Wohnungen überall durch Blumen an, die sie sehr lieben.
Große Büsche von Daturen beschatten ihre Hütten und
senden weithin den Duft ihrer reichen Blüten.

Cultivirt ist dort nichts, alles Urwald; unbeschränkt
herrscht die Natur. Wir fuhren an vielen zwischen Felsen
in der Tiefe brausenden Bergströmen vorüber; über=
haupt bildet die Erde viele Spalten, oft beinahe un=
übersehbare Abgründe, mit steilen, durch dichtes Gebüsch
und Ranken noch unzugänglicher gemachten Wänden.
Diese Erdspalten heißen Baranca's und spielen im
Guerillakrieg jenes Landes eine sehr große und gefähr=
liche Rolle.

In Paso del Macho hatte man uns in einem
hübsch verzierten, aus Naturholz eilig errichteten Saale
ein Diner bereitet, bei welchem der Präfect von Cor=

dova, Señor Mendoza, der Bruder des uns später
wohlbekannten Conde del Valle de Orizaba, die
Honneurs machte.

Die Diligence= und Postverbindung zwischen Vera=
cruz und Mexico ist ganz gut und regelmäßig eingerichtet.
Alle zwei bis drei Stunden kömmt man, oft in den
unbewohntesten Gegenden, an einen großen Stall, der
stets mit einer Pulqueria (Pulqueschank) verbunden
ist. Der Mexicaner, der den Werth der Zeit nicht kennt,
benützt jede derartige Gelegenheit, um sich so lange auf=
zuhalten, als nur möglich: diesmal war noch factisch
ein großer Mangel an Maulthieren, da man alles, was
man auftreiben konnte, dem Kaiser zur Verfügung ge=
stellt hatte. Trotz alles Scheltens und Fluchens unseres
Begleiters, Colonel Vicomte de la Pierre, der sich
uns in Soledad zum Reisemarschall aufgedrungen und
nach und nach als einen sehr unangenehmen Gefährten
herausgestellt hatte, vergingen Stunden in nutzlosem
Harren. Orizaba war uns als erste Nachtstation an=
gewiesen worden, aber es ward nach und nach unmög=
lich, weiter als bis nach Cordova zu gelangen, was uns
sehr unangenehm war, da auch das Kaiserpaar diese
Stadt als Nachtstation erwählt hatte und sich daher die
ganze Gesellschaft dort wieder vereinigte, was vermieden
werden sollte.

Auch wurden die Wege immer schlechter und kein
Europäer kann sich einen Begriff davon machen, welche

Hindernisse man dort überwindet. Oft ist die Straße
nichts als das ausgetrocknete Bett eines Bergstromes.
Eine Stelle heißt bezeichnend: „Sal si puedes" (Komm
heraus, wenn Du kannst!), und es gehört in der That die
ganze Geschicklichkeit eines mexicanischen Kutschers und
die ganze unermüdliche Anstrengung der wackeren Maulthiere dazu, um diese Aufgabe zu lösen. Anfangs fürchteten wir uns, dann aber war es unmöglich, nicht Vertrauen zu der kühnen Sicherheit unseres Maulthierlen-
kers zu fassen. Wir bekamen oft Thiere, die noch nie
eingespannt gewesen; mit äußerster Renitenz ließen sie
sich die Vorbereitung zu ihrer neuen Wirksamkeit gefallen; wenn dies aber einmal geschehen war, dann
hatte sie der Kutscher auf dem Bock mit Hülfe seines
Adjutanten auch völlig in seiner Gewalt. Mit sechzehn
Zügeln und einer langen Peitsche in den Händen, lenkt
er sie unwiderstehlich, spricht, pfeift, zischt, während der
Mauleselbub, der sie schon durch Steinwürfe zwang,
sich in Bewegung zu setzen, unaufhörlich vom Bock her-
absteigt, um neue Steine zu sammeln, den Weg zu
untersuchen, den Wagen zu halten, die Bespannung zu
richten, ohne daß dem Tempo im Geringsten Einhalt
gethan würde; endlich wieder auf seinen Platz an der
Seite des Kutschers angelangt, bombardirt er mit seinen
Steinen gelegentlich den faulen oder unlenksamen Esel.
Dies ist die hohe Schule, durch welche er gehen muß,
um später den ersten Platz auf dem Bock einzunehmen.

Ein guter Diligencekutscher ist eine sehr geschätzte Per=
sönlichkeit und zwar mit vollem Rechte. Wenn er die
Strecke zwischen Veracruz und Mexico versieht, so be=
zieht er eine Gage von monatlich 120 Pesos, ungefähr
250 fl. nach unserem Gelde, wird ganz verköstigt, und
hat am Ende des Jahres, wenn er kein einziges Mal
umgeworfen hat, noch Anspruch auf eine Belohnung
von 250 Pesos, mehr als 500 fl.

In seiner ungefärbten Lederjacke, seinen zottigen,
bocksledernen Beinkleidern (Zapateros) und seinem breit=
krämpigen, mit Gold verzierten Hut, dem Sombrero,
der ebenso ausgezeichnet gegen Sonnenstrahlen wie gegen
Regengüsse schützt, bildet er eine originelle und male=
rische Figur. Dabei bewahrte der Lenker unseres Schick=
sals, trotz aller Zornausbrüche unseres fatalen Monsieur
de la Pierre, einen unerschütterlichen Gleichmuth.

Schon damals fiel mir die Höflichkeit auf, die auch
in den untersten Volksclassen herrscht. Die Maulthier=
wärter auf den Stationen wurden von dem Kutscher
stets mit einem Händedruck empfangen und mit „Señor“
angeredet. Nie hörten wir unter diesen Leuten ein lau=
tes Wort, ein Schelten und Schimpfen; sie sind von
einer Sanftmuth und — von einer Gleichgiltigkeit, welche
den thätigen und drängenden Europäer zur Verzweiflung
bringen können. „Quien sabe!“, „wer weiß“, ist die
gewöhnliche Antwort auf alle an sie gerichteten Nach=
forschungen, Fragen, Bitten und Drohungen.

Seit drei Stunden war es vollkommen finster, als
wir um zehn Uhr Abends die Stadt Cordova erreich=
ten. Hier war in einem großen, festlich geschmückten
Hause, welches sehr schöne Räume umschloß, das Nacht=
lager für die Majestäten bereitet. Daß aber außer ihnen
noch achtzig müde Menschen eine Lagerstätte beanspruch=
ten, daran hatte man nicht gedacht.

Mit Mühe fanden meine Gefährtin und ich Betten,
und fast schämten wir uns dieser Auszeichnung, denn
die Herren und die Dienerschaft mußten theils in den
Wagen, theils auf Stühlen oder auf dem steinernen
Fußboden der Vorhäuser und Stiegen übernachten. Von
Schlaf war keine Rede; die ganze Nacht war Musik
und Lärmen, wurden Böller gelöst. Um zwei Uhr kam
das Kaiserpaar an, mußte noch Reden anhören und er=
wiedern, ein nie enden wollendes Souper einnehmen
und als dies überstanden war, blieb nur kurze Zeit
zur Ruhe.

Um halb sieben Uhr früh reisten wir weiter und
gelangten nun in eine sehr reiche und cultivirte Gegend,
durch die schönsten Wälder, zu Landhäusern, Haciendahs
mit Feldern von Zuckerrohr, Mais, Caffee= und Cacao=
stauden, durch Gärten voll Orange=, Granat= und ande=
ren Obstbäumen; hier standen Bananen und Palmen,
und selbst die Straße war in etwas besserem Zustande.
Ueberall waren Vorbereitungen zum Empfange der „Em=
peradores" getroffen, unzählige Triumphbögen errichtet,

mit den schönsten Blumen und wehenden bunten Tüchern
und Fahnen geschmückt; jeder arme Indianer hatte irgend
ein Festzeichen an seine Hütte gehängt. Hier, wo geregelter Besitz und größere Wohlhabenheit beginnen, ist
die Sehnsucht nach Ordnung sehr groß, daher die Freude
und die Dankbarkeit über die Hoffnung einer Friedens-
aera warm und aufrichtig.

Um 10 Uhr früh langten wir in Orizaba an,
das in einem engen Thale herrlich gelegen und von
hohen Bergen eingeschlossen ist. Leider sind bei dem Beginn der Regenzeit die Gipfel der höchsten Berge stets
in Wolfen gehüllt und auch jetzt blieb uns der herrliche Pic, den ich später so sehr bewundern lernte,
gänzlich verborgen. Mit der größten Feierlichkeit wurden wir empfangen; Deputationen kamen uns entgegen,
man hielt uns Reden, um uns zu danken, daß wir das
Kaiserpaar hieher geleitet, Pöller wurden gelöst rc. Am
Eingang eines Hauses wurden wir von verschiedenen
Damen bewillkommnt und in die zum Empfang der
Majestäten geschmückten Zimmer geleitet.

Für den Kaiser war ein mit rosarother Seide ver-
ziertes Bett bestimmt. Uns wurde ein gutes Gabelfrühstück mit der größten Freundlichkeit geboten; zum Glück
war eine der Damen eine Französin, welche die Dol-
metscherin des Austausches an Liebenswürdigkeiten sein
konnte.

Reise nach Mexico.   6

Entzückt über die Schönheit des Landes, sehr erfreut über die Gastfreundschaft, mit welcher man uns überall entgegenkam, suchten wir dies auch auszusprechen, worüber die Mexicaner äußerst erstaunt schienen. Die Franzosen hatten sie darin wahrlich nicht verwöhnt, von ihnen hörten sie nur Schmähungen und Herabsetzungen, welche sie anscheinend mit großer Demuth hinnahmen, in ihrem Inneren aber mit Erbitterung und Haß erwiederten.

Unser Aufenthalt in Orizaba sollte ein kurzer sein, da wir Palmár zur Nacht erreichen wollten; doch wurden uns von allen Seiten Hindernisse aufgethürmt; bald hieß es, es seien keine Maulthiere beizuschaffen, bald widersetzten sich Franzosen, bald Mexicaner unserer Abreise und da sich selbst unsere Herren diesen anschlossen, wurde uns die Sache unerklärlich; dennoch reisten wir ab und erst als uns zwanzig Mann Escorte nachgeschickt wurden, erfuhren wir, daß die Nachricht eingetroffen sei, der Guerillaführer Diaz halte sich mit einer Abtheilung seiner Leute in einer Hacienda, an welcher wir vorüberkommen mußten, verborgen, um den Kaiser zu überfallen. Man hatte daher unsere Abreise verzögert, bis Erkundigungen eingezogen wurden. Die Sache hatte sich zwar bestätigt, doch waren gleichzeitig die nöthigen Maßregeln ergriffen worden. Ueberall sahen wir Abtheilungen von Truppen, an vielen Orten waren fliegende Lager errichtet und ehe wir noch die gefähr-

liche Hacienda erreichten, begegneten wir dem franzö=
sischen General Braincourt, der äußerst zuvorkom=
mend und artig zu unserem Wagen kam, um uns zu
begrüßen und zu versichern, daß wir nichts mehr zu
fürchten hätten, da die Guerilla's bereits versprengt seien.

Durch alles dies hatten wir uns aber sehr ver=
spätet; es ward Nacht und wir konnten nichts mehr
von der herrlichen Gegend sehen. Wir erstiegen näm=
lich die Kette der Cordilleren, hier Cumbres genannt,
die von den Rocky mountains durch den Isthmus
von Panama nach Südamerika zieht.

Einen Wagen voll Frauen und Kinder hatten wir
in Orizaba gelassen, die anderen wurden nun langsam
und vorsichtig die lange und steile Höhe hinangezogen.
Auf der Imperiale der Diligencen saßen Soldaten mit
Fackeln, neben uns führte unsere Escorte ihre Pferde
am Zügel und lauschte achtsam, ob sich nichts Bedenk=
liches rühre. Doch sahen wir nichts als Milliarden
großer Leuchtkäfer, die in den Gebüschen schwärmten
und in der Tiefe die Wachtfeuer der zerstreut umher
liegenden französischen Feldlager. Es war sehr kalt, und
von der Hitze der vorhergehenden Tage verwöhnt, hüll=
ten wir uns in Mäntel und Plaids.

Als ich bei der Rückreise die Cumbres wieder be=
stieg und beim Licht der Sonne den Weg sah, den wir
das erste Mal bei gänzlicher Finsterniß zurückgelegt
hatten, da erfaßte mich ein leiser Schauer. Die Straße,

6 *

von den Spaniern kunstvoll und großartig angelegt, be=
findet sich nun in einem Zustande der Vernachlässigung,
welcher sie in Europa gänzlich unfahrbar erscheinen ließe.
Tiefe Risse, Felsblöcke, Baumstämme bilden scheinbar
unübersteigbare Hindernisse, aber für den mexicanischen
Kutscher und seine braven Thiere gibt es beinahe keine.
Vorsicht, Geschicklichkeit und Unermüdlichkeit überwinden
alle Schwierigkeiten.

Es war Mitternacht, als wir die Höhe der Cumbres de Delcorado erstiegen hatten; alles war erschöpft,
ein kleiner Ort „La cañada" erreicht, und da Palmár
noch mehrere Stunden entfernt war, beschloß man Rast
zu halten. Die Herren gingen in die Schänke, lagerten
sich dort auf Tische, Stühle und Bänke. Wir ließen
unseren Wagen schließen und blieben darin. Wenige
Tage darauf wurde der Wirth, der unsere Gesellschaft
hier beherbergt hatte, von den Guerilla's überfallen
und ermordet.

Als es zu tagen begann, setzten wir unsere Reise
fort und nahmen das Frühstück in Palmár, ein häß=
licher kleiner Ort, welcher, wie die meisten Dörfer
Mexico's, nur aus einem großen Hauptplatz besteht, auf
welchem in ziemlich hoher Mauerumfriedung eine große,
beinahe domartige Kirche gebaut ist. Die Häuser sind
ebenerdig, sehr niedrig, ohne Dächer, sehen nur wie
große Würfel aus und entbehren gänzlich der Fenster;
die einzige Oeffnung, durch welche Licht und Luft in

das Innere dringen, ist eine Thür. Die äußeren Mauern
sind oft mit grellen Farben, glatt gestreift oder qua=
drillirt bemalt.

Palmár war der Schauplatz einer der blutigsten
Schlachten, die während der Dauer des Befreiungs=
kampfes geschlagen wurde. Der Pfarrer Morellos
stand hier siegreich dem spanischen General Iturbide
entgegen, demselben, der kurze Zeit darauf die Sache
der Unabhängigkeit zu der seinigen gemacht und sie als
Stufe benützt hatte, um sich selbst zum Kaiser von
Mexico zu erheben.

Die Gegend ist trostlos häßlich; unter dünner Sand=
decke erstreckt sich weithin eine harte Lavaschichte und
zeigt von den Verheerungen, die einst die vulkanischen
Berge des Landes hier angerichtet. Jetzt sind die mei=
sten ausgebrannt, einige strömen nur heiße Dünste aus,
doch erinnern häufige Erdbeben an eine unheimliche Ge=
walt, die im Schooß dieser Erde wühlt und manchmal
über die Städte und ihre Bewohner Verderben bringt.

Die wellenförmige Ebene ist nur mit Magueyen
bebaut, deren große Felder mit dichten Cactushecken
umgeben sind. Der Maguey (Agave Americana,
in unseren Gewächshäusern irrig Aloe genannt) erhebt
sich hier oft zu einer Höhe von 7—8 Fuß; aus ihm
wird der Pulque gewonnen, welcher vorherrschend das
Getränk des Mexicaners bildet.

Schon unter der Herrschaft der Azteken war der Maguey viel gepflanzt und hoch geschätzt, denn außer dem Safte, aus welchem sie sich ein berauschendes Getränk bereiteten, benützten sie die Blätter zu Dachbedeckungen für ihre Häuser, machten aus ihren Fasern Stoffe und Stricke, stampften sie zu Brei, um daraus Papier zu verfertigen, kurz der Maguey deckte beinahe alle Bedürfnisse des gemeinen Mannes. Jetzt ist er für viele Leute eine Quelle des Reichthums. Wenn er gepflanzt ist, bedarf er keiner Pflege mehr. Zwischen dem 8ten und 10ten Jahre, ehe er zu blühen beginnt, bildet sich in seinem Herzen (corazon) ein milchweißer Saft; das Herz wird nun ausgeschnitten und eine runde Höhlung gebildet, in welcher sich der ganze Saft, den der Blüthenstengel in Anspruch genommen hätte, sammelt. Während drei bis fünf Monaten schöpft der Indianer zwei oder drei Mal täglich aus dieser Quelle und es wird versichert, daß eine gesunde Pflanze in dieser Zeit bei sechzehn Eimer Pulque liefert. — Nachher stirbt sie, hinterläßt aber an der Wurzel eine Unzahl von Schößlingen, die frisch gepflanzt reichen Ersatz bilden.

Der Cactus oder Nopal, auf welchem in einigen Theilen des Landes die Cochenille gezogen wird, ist eine traurige Pflanze, wenn sie in großen Massen auftritt, bietet aber in ihren Blüthen, die bald weiß, bald gelb, bald roth sind, manche Abwechslung. Einige Gattungen

erheben sich ganz senkrecht zu einer Höhe von zehn bis
zwölf Fuß und bieten mit ihren abwehrenden Stacheln
guten Schutz für Gärten, werden demnach auch zu
riesigen Zäunen benützt.

Die beiden Riesen, Popocatepetl und Iztazzihuatl,
zwischen sechzehn- und achtzehntausend Fuß hoch und
mit ewigem Schnee bedeckt, lagen vor uns, doch waren
die Gipfel beinahe immer von den Wolken verhüllt.
Wir hatten das Plateau von Puebla erreicht, das bereits 6800 Fuß über der Meeresfläche liegt und zu
den fruchtbarsten und bestbebautesten Theilen des Landes gehört; hier erstrecken sich unübersehbare Mais-,
auch Korn- und Weizenfelder, überall aber waren Spuren der Verwüstungen zu sehen, die seit Jahrzehnten
der Bürgerkrieg und vor einem Jahre die Belagerung
von Puebla angerichtet hatten. Kirchen, Haciendas,
ganze Dörfer lagen in Ruinen und gewährten einen
äußerst traurigen Anblick.

Endlich lag die Stadt la Puebla de los Angeles
vor uns, mit ihren unzähligen Kuppeln und Kirchthür-
men, welche die dächerlosen Häuser weithin überragen.
Als wir ihr nahten, begegneten wir einer großen Anzahl Reiter in dem außerordentlich malerischen Anzug
des Landes. Es waren Bürger der Stadt, die bei der
Nachricht unserer Ankunft sich beeilt hatten, uns entgegen zu kommen, um uns das Geleite zu geben. Auf
ihren kleinen gedrungenen Pferden, deren Sattel und

Riemzeug mit Goldstickerei und bunten Seidenschnüren verziert sind, schienen sie mit denselben verwachsen zu sein. Auf manchem Pferd saß ein Vater mit zwei kleinen Söhnen, auf einem anderen saßen mehrere kleine Knaben hintereinander und ritten frisch und munter; das Ganze gab ein lebendiges, interessantes Bild.

So erreichten wir die Stadt, die beim Eintritt in dieselbe nur Trümmer zeigte. Eben vor einem Jahre hatte sie sich nach drei Monat langer, heldenmüthiger Vertheidigung den Franzosen ergeben. General Forey, der damals die Expedition leitete und die französische Armee befehligte, hinterließ sowohl bei dieser, wie bei den Mexicanern den Ruf, die Eroberung der Stadt geflissentlich erschwert zu haben, um glänzendere Bulletins nach Paris senden zu können und um sich einen schwerer wiegenden Kranz um das Haupt zu flechten.

Als wir die Vorstädte verlassen hatten und das Innere der Stadt erreichten, ward ihr Eindruck ein äußerst günstiger. Wir fuhren durch breite, regelmäßige Straßen, über große Plätze, an herrlichen Kirchen vorüber. Jede Gasse hat in ihrer Mitte einen mit breiten Steinen gedeckten Canal, durch welchen die in der Regenzeit niederströmenden Fluthen abfließen. An beiden Seiten sind Trottoirs angebracht und alte Beschreibungen schildern das Pflaster vortrefflich, eine Meinung, der ich nicht beipflichten kann. Straßenkämpfe mit Barricaden-

bau mögen darin eine unerfreuliche Aenderung hervor=
gebracht haben.

Trotzdem ist Puebla eine sehr anziehende Stadt
und ihre Architektur ist bei weitem schöner und eigen=
thümlicher als die von Mexico; sie ist auch reinlicher
gehalten und trägt weniger die Spuren verfallener Größe,
als die Hauptstadt des Landes, deren Glanz durch Re=
volutionen und Bürgerkriege so sehr gelitten hat. Die
Häuser sind höher und sehen dadurch weniger gedrückt
aus, haben auch nicht jene alles nivellirende gelbliche
Farbe, die man an den mexicanischen bemerkt. Die
Freude der aztekischen Race an heller und warmer Farbe
hat hier noch einiges Recht behalten und sie ist oft mit
vielem Geschmack und feinem Sinne angewendet. Das
Haus, welches man uns angewiesen hatte, war roth über=
tüncht und mit mosaikartig geordneten, weiß und blau
glacirten Porzellantafeln belegt, was eben so originell
als hübsch ist und was wir an vielen anderen Häusern
der Stadt wiederfanden.

Wir wurden hier festlich empfangen; eine große
Anzahl Herren und Damen geleitete uns die breite
Stiege hinan, die auf einen großen, luftigen, von Säulen
getragenen Gang mündet, den inneren Hofraum umschließt
und mit Orangebäumen und mit Blumen geschmückt
ist. Von hier aus gelangten wir in die mit Teppichen
belegten und mit allem Luxus und Comfort, den der
verwöhnteste Europäer nur begehren mag, ausgestatteten

Zimmer. Sie sind geräumig und hoch und haben große,
bis zum Fußboden herabreichende, mit Balcons ver=
sehene Fenster.

Unsere Worte des Dankes, unsere Ausrufe der
Freude und Bewunderung wurden stets mit jenen lan=
gen Reden beantwortet, welche die große Gastfreund=
schaft und Dienstbeflissenheit der Mexicaner einbegleiten
und in welcher die berühmte Phrase „a la disposicion
de Usted" (zu Ihrer Verfügung) die Hauptrolle spielt.
Und wirklich betrachten sie die Gäste, welche sie unter
ihr Dach einführen, beinahe als die Herren ihres
Hauses.

Als uns der Sohn des Präfecten, der uns an der
Stelle seines, dem Kaiser entgegengereisten Vaters die
Honneurs machte, in den Saal geleitete, in welchem
ein langer Tisch mit einem nie enden wollenden Nacht=
mahl unser harrte, blieb der Rest der Gesellschaft in
dem Salon zurück. Es entstand eine Pause der Ver=
legenheit und endlich stotterte der junge Mexicaner die
Versicherung, daß niemand an dieser Tafel Platz neh=
men könne, wenn er nicht von uns eingeladen würde.
Nun übermittelte man unsere Bitte an die übrige Ge=
sellschaft, welche erst nach endlosen gegenseitigen Com=
plimenten sich an unseren Tisch setzte. Von den Damen
verstand blos eine hübsche, muntere kleine Frau, welche
die Frau Generalin genannt wurde, ein wenig französisch,
bei den Herren war die Kenntniß dieser Sprache etwas

verbreiteter, doch in sehr beschränktem Maße. Die Müh=
seligkeit unseres Verkehres wurde noch durch den Um=
stand erhöht, daß die europäischen Begriffe von Höf=
lichkeit keineswegs den mexicanischen entsprechen und es
daher immer eine lange Weile brauchte, ehe unsere
gegenseitigen Bestrebungen verstanden wurden.

So auch saßen wir uns lange gegenüber, nachdem
das Souper beendigt war, ehe die Gesellschaft Miene
machte uns zu verlassen. Wir hatten drei ganz schlaflose
Nächte und drei heiße mühselige Reisetage hinter uns
und erlagen beinahe dem Schlafe und der Müdigkeit,
konnten uns aber zu der hochmüthigen Förmlichkeit un=
sere Wirthe zu entlassen nicht entschließen. Endlich kamen
wir uns darin entgegen und die ersehnte Ruhe ward
uns gegönnt. Nie aber werde ich das Behagen vergessen,
mit welchem ich mich auf einem breiten, bequemen und
unbeweglichen Lager in einem kühlen und geräumigen
Zimmer, nach beinahe zweimonatlicher Entbehrung be=
fand; köstlich erquickt erwachte ich am folgenden Mor=
gen, hatte aber bald darauf den Kummer zu erfahren,
daß meine Gefährtin durch ein ernstliches Unwohlsein
an ihr Bett gefesselt blieb. Ihr übles Aussehen erweckte
Anfangs in uns Besorgniß, die aber bald glücklich ge=
hoben wurde; ihre elastische Natur überwand schnell
das Uebel. Statt einen Tag, brachten wir zwei in Puebla
zu und konnten am 3. Juni unsere Reise fortsetzen.

Die Stadt bot viel Interessantes, das für uns
weniger in Besichtigung der mit Schätzen und Vergol=
dungen überladenen Kirchen bestand, als in der Beob=
achtung des uns ganz neuen und fremden Lebens und
Treibens; es ist in allen Details so uneuropäisch, daß
man nicht genug sehen und staunen kann. Am liebsten
trieb ich mich hier, wie auch später so oft in Mexico,
unter den Portales, den breiten Säulengängen herum,
welche den Hauptplatz umgeben und wo Indianer aus
allen Theilen des Landes die Erzeugnisse desselben zum
Kaufe ausbieten, und wo ich stets Neues für meine
Wißbegierde und Charakteristisches für meine Beobach=
tung fand.

Die bevorstehende Ankunft des Kaiserpaares hatte
nun alle Thätigkeit in Anspruch genommen, überall wur=
den Triumphpforten errichtet, Kirchen und Häuser ge=
schmückt, allerlei Vorbereitungen getroffen. Die Men=
schen wurden nicht müde, nach den Persönlichkeiten des
Kaiserpaares zu forschen, nach ihren äußeren und inne=
ren Eigenschaften. Ueberall sprach sich eine große Dank=
barkeit aus, daß diese ihnen zu Liebe Heimat und Familie
verließen, die weite Reise über das Meer unternahmen
und über ein Land herrschen wollten, welches durch
eine lange Reihe von Unglücksjahren, durch Bürgerkrieg,
Betrug und Habsucht in das tiefste Verderben gestürzt
wurde, dessen Einwohner jede sittliche Kraft und meist
auch jeden sittlichen Begriff verloren hatten und mit

einer wahrhaft erschreckenden Demuth das Selbsturtheil
über sich sprachen: es gäbe hier nur Schurken und
Diebe!

Anfangs ist es unmöglich, an die leider im Allgemeinen so tief begründete Wahrheit dieses Selbst-
bekenntnisses zu glauben; was sich einem darbietet ist
so freundlich, so einnehmend und wohlthuend, daß man
beinahe über die Härte dieses Urtheils empört ist. Es
sind eben kraft- und energielose, keiner Versuchung, keiner Verführung widerstehende Naturen und daher der
allertiefsten Demoralisation verfallen, oft ohne dabei
eine äußerst liebenswürdig scheinende Zartheit und Feinheit der Empfindung zu entbehren. Männer, welche
der unloyalsten öffentlichen Handlungen angeklagt sind,
durch Betrug und Hinterlist Tausende beschädigt und
unglücklich gemacht haben, die von keinem Recht und
von keinem Gesetze wissen, werden im häuslichen Kreise
die sanftesten, zärtlichsten, liebevollsten Söhne, Gatten,
Väter und Brüder sein, mit weichlicher Empfindsamkeit
Freunde und Verwandte mit Wohlthaten überschütten
und diese milde Gesinnung auf alles erstrecken, was
sich ihnen persönlich naht.

Puebla, deren Einwohnerzahl auf ungefähr 70.000
Seelen angegeben wird, ist sowohl in der Anzahl und
Vorzüglichkeit ihrer Bildungsanstalten, als auch in Be-
zug auf ihre industrielle und commercielle Thätigkeit,
Mexico voraus; es ist, als ob ihre Einwohner thätiger,

intelligenter und moralisch weniger verkommen wären, als die der Hauptstadt. Alles erschien mir hier geregelter und weniger verwahrlost. Gärten umgeben die Stadt, aus welchen die Einwohner ihren Bedarf an Obst und Gemüse beziehen; der allgemeine Wohlstand scheint hier größer zu sein, während in Mexico der Contrast zwischen Reichthum und Elend ein sehr augenfälliger ist.

Am zweiten Tage besichtigten wir die Festungswerke von Guadalupe, ein die Stadt beherrschendes Fort, von dem man die weite Ebene mit den prächtigen sie umgrenzenden Bergen übersieht: gegen Westen die mächtige Bergkette, aus welcher Popocatepetl und Iztazzihuatl ihre schneeigen Gipfel erheben, gegen Osten die Sierra Madre mit dem Pic von Orizaba und dem Cofre de Perote und zwischen jenen Hauptgebirgszügen das Gebirge von Malinche. Es ist wahrlich ein imponirender Anblick, dessen Schönheit gar sehr erhöht wird durch die wunderbare Klarheit der Luft, welche die fernsten Gegenstände näher rückt und jenen Schichten ober uns, die wir Himmel zu nennen gewohnt sind und die in Europa beinahe wie eine compacte Decke erscheinen, eine Durchsichtigkeit verleiht, die mehr als alles Andere den Begriff der Unendlichkeit versinnlicht. Das Auge findet keinen Ruhepunkt, keine Grenze, und das Gemüth erhebt sich mit ihm, staunend, bewundernd und anbetend.

Nachmittags bestiegen wir die Terrasse unseres
Hauses, welche hier, wie beinahe überall im Lande, die
Stelle des Daches vertritt, um die Berge zu bewundern,
die ebenfalls wolkenlos waren; eine Seltenheit in dieser
Jahreszeit. Leider war die Communication zwischen
unserer Wohnung und der Terrasse eine sehr mangel-
hafte: bei einem Sprung von beträchtlicher Höhe ver-
stauchte ich mir den Fuß, ein Unfall, der mich für lange
Zeit am Gehen hinderte und auf der Weiterreise tausend Unbequemlichkeiten mit sich führte. Dennoch verließen wir Puebla Tags darauf um acht Uhr früh.

Fünftes Kapitel.

Abreise von Puebla. Cholula. Quetzacoatl. San Martin. General
Mejia. Rio=Frio. Die Ebene von Anahuac. Merico. Freundlicher
Empfang. Einzug des mericanischen Kaiserpaares.

Unsere neuen Freunde und Wirthe hatten sich ver=
sammelt, um uns bei der Abfahrt noch ein Lebewohl
zu sagen, und außerhalb der Stadt erwartete uns wie=
der das Ehrengeleite berittener Bürger, die eine Art
von Miliz bildeten und wohlbewaffnet, mit Fähnleins
geschmückt, an beiden Seiten unserer Wagen ritten, bis
die Miliz der nächsten Station sie ablöste.

Wir waren von der Hauptstraße abgewichen, um
den Weg über Cholula zu nehmen, eine unter der Azte=
kenherrschaft volkreiche und mächtige Stadt mit 16.000
Einwohnern, nun zu einem armseligen Dorfe herabge=
sunken; durch die berühmte Pyramide, die sich in ihrer
Nähe erhebt, eines Besuches werth. Nirgends wur=
den wir mit solcher Feierlichkeit empfangen wie hier,
und obwohl dem Europäer stets etwas cisatlantischer
Hochmuth anklebt und er sich vornehmer dünkt als die

Bewohner der anderen Erdtheile, so waren wir doch
nicht so sehr verblendet, um über alle die Ehren, die
man uns erwies, nicht etwas beschämt zu sein und uns
über uns selbst lustig zu machen. Vor der Einfahrt in
die Stadt warteten die Autoritäten derselben, hielten eine
Ansprache, während uns Mädchen große, prächtige Blu=
mensträuße überreichten, Glocken und Pöller aber unsere
Ankunft anzeigten, und als wir im Ort auf dem großen
staubigen Platz stille hielten, trat die Wache heraus,
ertönten Trommeln und ohrenzerreißendes Trompeten=
geschmetter. Doch nur kurze Zeit erwiesen wir der ver=
sammelten Menge, die hauptsächlich aus Bettlern und
halbnackten Kindern bestand, die Ehre unseres Anblickes,
der durch die große Hitze und den ungeheueren Staub
nicht sehr erfreulich gewesen sein mag: alles eilte zur
Pyramide, an welche sich eine hübsche Mythe aus vor=
aztekischer Zeit knüpft, aber auch unermeßlich viel Blut
klebt, das von der Grausamkeit aztekischen Götzen=
dienstes zeugt.

Die Tolteken, welche vor den Azteken die weite Ebene
von Anahuac und viel angrenzendes Land beherrschten,
waren milde, friedliebende Menschen, die Künste und
Wissenschaften betrieben, das Feld bebauten, Früchte
und Blumen zogen. Ihre Götter waren milde wie sie
und das reine Feuer, das in den Teocali (den Tem=
peln) brannte, die Blumen, die man opferte und deren
süßer Duft zu ihnen drang, erfreute sie und stimmte

sie nachgiebig für die Bitten der ewig begehrenden Men=
schen. Kein Gott aber war ihnen so hold wie Quetzal=
coatl, der Gott der Luft. Er hatte unter ihnen gelebt,
sie den Ackerbau gelehrt und die Goldschmiedekunst,
und die, viel größere weite Länder zu beherrschen und
die Völker weise zu regieren. Damals war Mexico's
goldenes Zeitalter; ein Kolben Mais war so groß, daß
eines Mannes ganze Kraft dazu gehörte, um ihn zu
tragen; in bunten Farben hing die Baumwolle an den
Sträuchern, süßer Wohlgeruch erfüllte die Lüfte, herr=
lich befiederte Vögel sangen die wohlklingendsten Me=
lodien. Doch war Quetzalcoatl der Feind des Krieges
und wenn von ihm gesprochen wurde, hielt er sich die
Ohren zu. Dadurch erregte er den Haß einer mächti=
geren Gottheit und mußte fliehen. In Cholula hielt er
Rast, wo ihm zu Ehren eine Pyramide mit einem präch=
tigen Teocali gebaut wurde. Quetzalcoatl aber setzte
seine Wanderung fort bis an das Meer und als er den
Golf erreicht hatte, nahm er Abschied von seinen Anhän=
gern und Verehrern, versprach ihnen wieder zu kommen,
bestieg dann einen Nachen, der aus Schlangenhäuten
verfertigt war und fuhr weithin nach Osten, woher die
Sonne kömmt. Er war ein großer weißer Mann mit
langem Bart; die Indianer erwarten seine Rückkehr mit
Sehnsucht, denn er wird Glück und Reichthum bringen
und unter ihm wird das goldene Zeitalter, dessen sich die
Tolteken erfreut haben, wieder erblühen.

Später aber, als die Azteken das sanfte Volk der
Tolteken verdrängt hatten, erlernten sie zwar ihre Künste
und Wissenschaften, aber ihren milden Sinn eigneten
sie sich nicht an; sie waren hart und grausam, rach=
süchtig und blutgierig und ihren Göttern mutheten sie
gleiche Eigenschaften zu. Der höchste Gott war Huitzli=
pochtli oder Mejitli, der Gott des Krieges, ihm schlach=
teten sie die gefangenen Feinde, ja verzehrten dieselben
als Opfermahl.

Doch nicht blos dem Schlachtengott zu Ehren ver=
gossen sie Blut; in Cholula, wo der Duft der Blumen
Quetzalcoatls weiches Herz entzückt hatte, wurden ihm
nun Menschen geopfert. Jünglinge und Mädchen aus
den eroberten Städten wurden auf der Pyramide von
Cholula von dem Priester im rothen Mantel geschlachtet.
Man riß ihnen das Herz aus der Brust, besprengte die
Bilder der Götzen mit ihrem Blute und ließ es weit her=
abrinnen über die Wände der Pyramide. So sollen jähr=
lich 6000 Menschen gemordet worden sein.

Die Pyramide ist aus Backsteinen gebaut, 54 Me=
ter hoch und an ihrer Basis 439 Meter breit. Wer
ihr gegenwärtig naht, würde nicht das Werk von Men=
schenhänden an ihr erkennen. In drei Terrassen erhebt sie
sich, mit Pflanzen übergrünt, mit Bäumen bewachsen.
Auf ihrem Gipfel, von großen Cypressen beschattet, steht
eine Kirche mit hohen Kuppeln und vielen Thürmen.
Leider mußte ich im Wagen bleiben, während meine

7 *

Reisegefährten die interessante Besichtigung vornahmen. Reich beladen mit kleinen thönernen Götzenlarven, mit Fragmenten buntbemalter Thongefäße, mit Stücken von Obsidian, jenen schwärzlich harten Lavasteinen, aus welchen die Azteken Lanzenspitzen verfertigten, die sie bei oberflächlichen Nachgrabungen gefunden hatten, bestiegen sie zur Weiterreise die Wagen.

Die Fahrt bis San Martin ging ereignißlos durch die reizendste Gegend. Weit und breit ist alles wie ein Park mit den üppigsten Wiesen, schönsten Blumen, die Haciendas sind wohlgebaut, alles prangt in fabelhafter Üppigkeit. Nach San Martin kamen wir noch zu früher Stunde, doch gab es später keine Unterkunft mehr und Mexico lag zu entfernt, um noch erreicht werden zu können.

Anfangs erschracken wir, als wir vor der niederen ärmlichen Hütte hielten, auf welcher stolz „Hôtel de la diligencia“ geschrieben steht; doch wurden wir auf das Angenehmste überrascht, als wir in den angewiesenen kleinen Zimmern eine musterhafte Nettigkeit fanden. Auch sie entbehrten, wie alle Häuser kleiner Orte, der Fenster, doch hatte jedes Zimmer eine hölzerne Thüre, die in den Hofraum führte. Das Souper, das aus verschiedenen Landesgerichten bestand, war sehr genießbar und wir machten die Bekanntschaft eines der tüchtigsten, der Regierung des Kaisers ergebenen Mexicaner, des nunmehrigen Generals Mejia, eines noch

jungen Mannes von großer Gestalt, beinahe bronzefar=
biger Haut, dunklen funkelnden Augen, glattem schwarzen
Haar, mit energischen Zügen, aber von jenem kind=
lichen einfachen, den indianischen Abkömmling kennzeich=
nenden Wesen. Dieser junge Mann ist selbst von den
Franzosen hochgeachtet, weil er Verläßlichkeit des Cha=
rakters mit großer Tapferkeit verbindet.

Meine Reisegefährten benützten die Tageshelle, um
noch einen Spaziergang nach einer nahen Hacienda, die
einem reichen Engländer gehört, zu unternehmen, von
welchem sie sehr befriedigt zurückkehrten; mich hielt
mein kranker Fuß im Hause fest.

Um fünf Uhr früh setzten wir unsere Reise fort,
um gegen Abend die Hauptstadt zu erreichen. Es hatte
die ganze Nacht geregnet und obwohl dies auf Tempe=
ratur und Staub sehr wohlthätig wirkte, so verschlech=
terte es doch den Weg; auch bestiegen wir nun jenes
Gebirge, welches das Plateau von Puebla von dem
höher gelegenen Plateau von Mexico, dem eigentlichen
Anahuac trennt, und das sowohl durch die Grundlosigkeit
der Straße, als auch durch die Unsicherheit der Gegend
eine traurige Berühmtheit erlangt hat. Immer höher
und höher ging es hinan, durch schuhtiefen Koth, über
fußhohe Steine, an Abgründen vorbei, oft im Galop,
aber immer vorsichtig, immer geschickt und sicher. Und
so verließen wir allmälig die Region der Laubhölzer,
um in jene der Nadelhölzer zu gelangen. Noch ehe

wir Riofrio erreicht hatten, brach ein Rad an unserem
Wagen; meine Gefährtin und ich mußten die Herren
um Aufnahme in die Diligence bitten, deren Besteigung
für mich mit großer Schwierigkeit verbunden war. Den=
noch ging es endlich und bald lag das Wirthshaus am
Riofrio vor uns, das wenigstens alle Monate ein Mal
von Guerilla's ausgeraubt wird.   Dort bewillkommten
uns französische Offiziere und machten die Wirthe bei
einem für uns bereiteten Frühstück. Ihre Aufmerk=
samkeit wurde aber durch die von uns mitgeführte Post=
tasche abgelenkt, die alle 14 Tage Briefe und Zeitungen
aus der Heimat bringt und stets mit der größten Un=
geduld erwartet wird.   Mit welcher Hast wurden die
Siegel geöffnet; mit welcher Eile die Seiten von den
Blicken durchflogen!   Lange ging es dann wieder berg=
auf und bergab, endlich kamen wir in einen herrlichen
Wald von Cedern und Weihmutskiefern, von prächtigen
Tannengattungen mit schuhlangen, lichtgrünen, in dichten
Büscheln herabhängenden Nadeln — und nun lag das
Thal von Mexico vor uns!   Ein großartiger Anblick!

Das Plateau, auf welchem Mexico gebaut ist, er=
hebt sich mehr als 7000 Fuß hoch über die Meeres=
fläche, beträgt 20 Leguas in der Länge und circa 13
in der Breite. Von hohen Bergen eingeschlossen, deren
Farbe von einer so wunderbaren Bläue ist, wie nur
diese Atmosphäre sie wiedergeben kann, überragt von
den Vulkanen, deren Gipfel ewiger Schnee deckt, prangt

die Ebene im herrlichsten Grün. Ortschaften lehnen
sich freundlich an die Höhen, Haciendas mit Alleen
und Gärten liegen zerstreut umher, in der Ferne glänzen die Seen, es ist ein herrliches, überreiches Panorama. Die Ebene ist durch einzelne, sich wie Maul-
wurfshaufen erhebende Hügel unterbrochen. Es sind
ausgebrannte Vulkane, die kahl und felsig dastehen,
aber, wie alles hier, eine warme, braune und rothe
Farbe annehmen. Einer dieser Vulkane verbarg uns
Mexico.

Langsam fuhren wir in das Thal hinab, wo sich
die Wege besserten. Hier ist nichts von den Merkmalen
des Krieges zu sehen, anscheinend herrscht hier Wohlhabenheit, die Felder stehen prächtig, die Erde gibt hier
was man nur von ihr fordern will. Das schönste Vieh
weidet auf den Wiesen. Nach langer Fahrt gelangt man
zu den Seen, die aber leider in der Nähe nicht schön
sind. Die Spanier, die sich stets als Feinde aller
Waldungen erweisen, haben auch hier große Verwüstungen
darin angerichtet und dadurch auf die Bewässerung des
Thales sehr nachtheilig eingewirkt. Die Seen verdunsten
immer mehr und mehr, die Quellen versiegen und auch
der Erdboden ist dürrer geworden.

Als die „Conquistadores" in das Land drangen, war
die Hochebene von Anahuac mit herrlichen Waldungen
bedeckt, die aus immergrünen Eichen, Cedern und Cypressen bestanden. Davon zeugen einige uralte, den

Reisenden mit Staunen und Bewunderung erfüllende
Ueberreste. Pfahlbauten, welche sich in dem einst die
Hauptstadt Montezuma's bespülenden See vorfanden,
sind meistens aus Cedernholz.

Endlich, bei einer Biegung der Straße, erblickt
man Mexico, das sich weit hinzieht an den Bergen,
von Bäumen umgeben, aus welchen die Thürme und
Kuppeln der Kirchen grell und bunt hervorragen.

Eine schönere, imposantere Lage hat wohl keine
Stadt der Welt und wenn sie in dem verwahrlosten Zustand, in welchem sie sich damals befand, wo ein fünf-
zigjähriger Bürgerkrieg überall seine verwüstenden Spuren hinterließ und nirgends hemmender und nirgends
zerstörender einwirkte, als in der Hauptstadt, trotz der
Regelmäßigkeit ihrer Bauart, der Größe ihrer Plätze,
der Breite und Länge ihrer Straßen an und für sich
keinen erfreulichen Eindruck macht, so könnte sie sich
doch bei geregelten Zuständen, durch die Segnungen
des Friedens, die Hebung von Wohlstand und Industrie,
durch den Bau von Communicationen 2c. zu einer Pracht
entfalten, die alle Herrlichkeiten von Paris und St.
Petersburg weit hinter sich ließe, denn das Höchste und
Schönste, was Menschenhände erreichen können, schwin-
det neben der Erhabenheit der Natur, die in Mexico
überall zur Folie dient.

Mexico ist genau an der Stelle gebaut, wo einst
Tenochtitlan, die Hauptstadt des mächtigen Aztekenherr-

schers Montezuma, stand: der See von Tezcoco aber,
der damals die Stadt umfloß, so daß Dämme ihre
Theile verbanden und sie gleich Venedig im Wasser ge=
baut war, ist nun beinahe eine Stunde von der Stadt
entfernt. Entwässerungscanäle und die früher erwähnten
Waldverwüstungen haben das Zurücktreten des Wasser=
spiegels hervorgebracht.

Es war noch Tageshelle, als wir an der Garita
(Barrière) vorüber in die Stadt einfuhren und bald
durch eine lange, breite, mit schönen Häusern versehene
Straße nach dem großen Platz (plaza mayor) ge=
langten, auf welchem das frühere Regierungsgebäude,
jetzt der „Palacio imperial" steht und die ganze Breite
des Platzes, beinahe 800 Fuß, einnimmt. Drei Thore
führen in die verschiedenen Höfe desselben. Wir fuhren
durch das mittlere Thor in den großen Hof, welcher
von breiten, durch Säulen getragenen Bogengängen um=
geben ist. Hier empfingen uns Generale, Officiere, das
gesammte Ministerium und viele andere Civil= und Mi=
litärautoritäten.

Im Palacio selbst herrschte noch die größte Unord=
nung: bis zum letzten Augenblicke hatte man an der
wirklichen Ankunft des Kaisers gezweifelt, und als die
Nachricht von derselben erfolgt war, hatten Unsicher=
heiten, Meinungsverschiedenheiten und Rangstreitigkeiten
aller Art alles gehemmt. Für die europäischen Gäste
war eine Privatwohnung bestimmt gewesen; am letzten

Tage hatte ein kaiserlicher Befehl diese Anordnung um=
gestürzt und uns eine Wohnung im Palacio zugewiesen,
aber Tag und Stunde unserer Ankunft waren unsicher
gewesen, und als wir nun zum Schrecken des Inten=
danten und der Tapezirer angefahren kamen, war noch
nichts bereitet. In unseren Zimmern wurde gehämmert
und geklopft, die Mexicaner kamen aus ihrer Ruhe,
man lief und schleppte, und während dem wir einem
ewig langen Diner, das uns von den Ministern ge=
boten wurde, alle Ehre erweisen mußten, kam man doch
so weit zu Stande, daß wir Stellen für unsere müden
Häupter fanden.

Wir waren übrigens sehr gut bewohnt, hatten hohe
und große Zimmer mit den beliebten Balconfenstern,
und während ich an meinem Schreibtisch sitzend die
Berge sah, die überall weithin die gegenüber liegenden
Häuser überragten und nur hin und wieder durch die
musivisch gedeckten, bunten, im Sonnenscheine glänzen=
den Kuppeln der Kirchen unterbrochen waren, gingen
die Fenster meiner Gefährtin in einen botanischen Garten
voll der seltensten Pflanzen, berühmt durch den Manita=
baum, welcher seinen Namen der, einer Hand ähnlichen
Form und Farbe verdankt. Dieser Baum ist beinahe
einzig in seiner Art und findet sich nur in einem kleinen
Exemplar in dem Garten der Familie Escandon in
Tacubaya wieder. Die größte Freude bereiteten uns

aber die köstlichen Colibri's, die vor den Fenstern von
Blume zu Blume schwebten.

Von den „Emperadores" hatte man die besten
Nachrichten, ihr Empfang war überall der freudigste
gewesen, der Einzug in Puebla war besonders glänzend.
Die Einfachheit und Leutseligkeit ihres Benehmens er-
weckten alle Sympathien und großes Vertrauen. Daß
Jeder ihnen nahen könne, Jeder freundlich und theil-
nehmend angehört wurde, war ihnen ganz unerwartet.
An ihren Präsidenten hatten sie traurige Erfahrungen
gemacht. Habsucht und Ehrgeiz stempelten die kurze Zeit
ihrer Regierung, Parteihaß leitete ihre Handlungen.
Hier kam ein Mann, für den es in ihrem Lande keine
Vergangenheit gab, der keiner Partei angehörte, keine
Freunde und keine Feinde hatte, aber Willens war,
Allen, die sich um ihn schaarten und seine Absicht unter-
stützen wollten, die zu Frieden, Gesetzmäßigkeit, Ordnung und Gerechtigkeit, zu Wohlfahrt und Reichthum
führenden Wege zu bahnen; er stand für sie auf einer
Höhe, zu welcher keine ihrer Leidenschaften, ihrer Verbrechen, nicht ihre Schmach und nicht ihr Unglück hin-
aufragten, und er stand dort mit gutem und festem
Willen, mit Muth, mit dem vollen Bewußtsein der
ungeheueren Schwierigkeit seiner Aufgabe, aber mit dem
Glauben an seine Fähigkeit, sie zu lösen, ja vielleicht
mit dem, den Menschen so süßen Aberglauben einer
providenciellen Bestimmung dazu!

Ob das Werk gelingt? Der gehoffte Sieg der ame=
rikanischen Südstaaten, beinahe ein conditio sine qua
non dieses Gelingens, ist nicht erfolgt; die große Re=
publik im Norden steht da, ein ewig drohender, über=
mächtiger Feind. Napoleon, der viel gepriesene, treue
Freund, zieht die Hand ab von dem Werke, das er ge=
gründet hat, und weicht der ungeheueren, in Frankreich
gegen dieses Unternehmen herrschenden Unpopularität,
welche beinahe an seinem Throne rüttelt, er weicht dem
amerikanischen Veto; und selbst Oesterreich, dessen Söhne
gerne dem Erzherzog über das Meer folgten, dort den
Lorbeer suchend, von denen manche der Besten und
Edelsten diese ferne, fremde Erde mit ihrem Blute ge=
tränkt haben, ist nun genöthigt, diesen freien Zug zu
hemmen. Das Häuflein, so klein es auch ist, durch
Tapferkeit, Treue und Verläßlichkeit doch das Herz von
Kaiser Maximilian's Truppen bildend, bleibt wohl
ohne Verstärkung, bis sich das furchtbare, um Oester=
reichs Horizont zusammengezogene Unwetter gelegt hat.
Von Außen hat sich alles gegen das Gelingen des großen
Werkes verschworen! Und von Innen? Noch durch=
ziehen Guerilla's das Land und die starke Militärmacht
Frankreichs erringt nur unfruchtbare Siege, trotz der
Unermüdlichkeit und Tapferkeit der Truppen, trotz manch'
tüchtiger Beihilfe aus dem Lande selbst, trotz des bel=
gischen Contingents und des Todesmuthes der österrei=
chischen Legion. Hier jubelt ihnen eine von Insurgenten

gesäuberte Stadt freudig entgegen, Bulletins werden geschrieben, Siegesbotschaften in die Welt geschickt, aber schon haben die Guerilla's sich anderer wichtiger Plätze bemächtigt und die Truppen verlassen die eroberte Stadt, um sie auch von dort zu verjagen. Kaum aber sind sie den Blicken verschwunden, so ertönt bereits der Huf-schlag der mexicanischen Reiter, welche die verlassene Stadt besetzen und von ihr mit gleichen Beweisen von Enthusiasmus und Sympathie empfangen werden wie jene.

Des Kaisers unermüdliche Thätigkeit schafft weise Gesetze, bahnt die segensreichsten Unternehmungen an, aber wo sind die Menschen, um jene zu handhaben, diese auszuführen? Wo sind die Opferwilligen, die ihre Zeit, ihr persönliches Wohl, ihre Bequemlichkeit, ihr Interesse dem großen Zwecke unterordnen?

Und dennoch war es des Versuches werth, den-noch bleibt Kaiser Max Ruhm und Ehre, auch wenn kein Erfolg sein Werk krönt. Mag man immer das Abenteuerliche der Sache eines Erzherzogs von Oester-reich unwürdig finden, mag man mit noch größerem Rechte die Suzerainität Napoleon's als eben so de-müthigend wie unverläßlich erkennen, es lag in dem Trieb, seine brach liegende Thätigkeit einem großen Zweck zuzuwenden, seine Fähigkeit zum Nutzen eines ganzen Landes zu verwerthen, eine große Berechtigung. Und wer all' das Zagen und Bangen überwindet, alle

Seelenkämpfe besteht, die mit solch' einem Entschlusse
verbunden sind, und dann seine ganze Existenz, seine
ganze Kraft dafür einsetzt, sein Leben wagt, es Tag
für Tag und Stunde für Stunde diesem Zwecke widmet,
der hat Mannesmuth und Fürstenwerth bewiesen, auch
wenn das Werk, von allen Seiten untergraben, zu-
sammenfällt.

Die Tage vor der Ankunft des Kaiserpaares konnten nur wenig benützt werden; mein Fuß hielt mich
beinahe ganz im Zimmer fest und nebstdem war ich
völlig von meiner Habe getrennt; selbst der Handkoffer,
den ich immer mit mir führen wollte, war durch Con-
fusion zurückgeblieben; doch waren wir von allen Seiten
der Gegenstand großer Artigkeit. Der Commandant der
französischen Armee, General Bazaine, später von
seinem Kaiser mit dem Marschallsstabe ausgezeichnet,
machte uns einen feierlichen Besuch; der Gesandte
Frankreichs, der Marquis de Montholon, der Sohn
des Gefährten Napoleon's in St. Helena, und seine
liebenswürdige Frau, eine Amerikanerin, bewillkomm-
neten uns freundlich; Madame de Courcy, die Tochter
des Generals Goyon und Gattin eines der ausge-
zeichnetsten Officiere der französischen Armee, kam uns
mit ihrem Besuche zuvor.

Die Stadt Mexico begrüßte uns mit einem Fackel-
zug; eine große Menschenmenge versammelte sich auf
dem Hauptplatz und rief nach uns. Uns schien diese

Ehre in dem kaiserlichen Palaste, wo derlei Ovationen
nur dem Herrscherpaare gehören, zu groß; ihrem An=
sinnen, auf den Balcon zu treten, willfahrten wir nicht,
doch war es ihnen schwer begreiflich zu machen, daß
nur Bescheidenheit uns hindere, eine uns nicht gebüh=
rende Huldigung anzunehmen.

Den 7. Juni langte das Kaiserpaar in Santa
Maria de Guadalupe, dem berühmten, nur eine kleine
Stunde von Mexico entfernten Wallfahrtsort, an. Dort=
hin strömte alles, um die mit so vieler Ungeduld er=
warteten „Emperadores" zu sehen. Auch meine Reise=
gefährten folgten diesem Beispiele und fanden das Kaiser=
paar sehr zufrieden mit seiner Reise, mit seinem Empfang
und mit dem Eindruck, den Land und Leute auf das=
selbe hervorgebracht hatten. Die Kaiserin besonders war
sehr entzückt und in einer Begeisterung, deren ich die
ruhige Frau nicht fähig gehalten hätte; sie fand alles
vortrefflich, selbst ihre oft elende Unterkunft in kleinen
Orten, wie Palmár, Cholula und San Martin, und
schwelgte in dem naiven Glauben an die Liebe und
Anhänglichkeit des Volkes, das es freilich an Freuden=
bezeigungen und Festlichkeiten nicht hatte fehlen lassen
und wovon eine kleine Zahl gewiß auch Dankbarkeit und
Begeisterung empfand, in der Hoffnung, daß aus der
neuen Regierungsform endlich Frieden und Wohlstand
über dieses arme, vielgeprüfte Land kommen werde.

Tags darauf, den 12. Juni, erfolgte der feierliche
Einzug des Kaiserpaares in Mexico. Wieder war alles
zu Pferde und zu Wagen hinausgeeilt, um es außerhalb der Stadt zu empfangen. Diese selbst war auf
das reichste geschmückt; Triumphpforten waren errichtet,
alle Häuser mit Fahnen, Blumen, Guirlanden, Draperien geschmückt, große Inschriften trugen den Bewill-
kommnungsgruß für Maximiliano und Carlota,
alle Straßen waren voll Menschen und auf den unzähligen Balcons der Häuser standen Frauen und Kinder,
die ersteren meistens alle schwarz gekleidet und in die
spanische Mantille gehüllt.

Wir hatten uns in den Palast der Mineria begeben, um von dort den Einzug zu betrachten. Die
ganze Feierlichkeit durfte nicht nach europäischen Begriffen beurtheilt werden; Schönheit der Uniformen,
Glanz der Equipagen fehlten ganz.

Die hohen Würdenträger des Militärs und des
Civils tragen ziemlich willkürlich und geschmacklos façon-
nirte Uniformen, mit Gold überladen, und der gemeine
Mann, der in der Landestracht mit seinem Pferde verwachsen scheint und einen äußerst malerischen Anblick
bietet, sieht in der Montur zu Fuß und zu Pferd jämmerlich aus. Die Equipagen Mexico's aber sind das
Häßlichste, was man nur sehen kann, und selbst die
schweren Prunkwagen, die bei dieser Gelegenheit zum

Vorschein kamen, machten darin keineswegs eine Ausnahme.

Das Kaiserpaar saß in einem Wagen, den der Kaiser für diese Gelegenheit längst vorausgeschickt hatte. An der rechten Seite desselben ritt General Bazaine und nebst ihm umritten die Adjutanten und der Commandant der Garde, Graf Bombelles, des Kaisers Jugendfreund und der getreue Gefährte seiner ferneren Schicksale, den Wagen.

Das Ayuntamiento, Präfecten, Minister und viele andere Würdenträger hatten den langen Zug eröffnet. Aus allen Häusern, an welchen der kaiserliche Wagen vorbeifuhr, fielen Blumen und farbige Papierstreifen nieder, auf welchen zu Ehren der neuen Herrscher Verse gedruckt waren.

In großer Masse hatten sich die Indianer angeschlossen. Die Sage von Quetzalcoatl, die trotz allem äußerlichen Christenthume, nebst vielem anderen Aberglauben, noch in ihren Traditionen lebt, hatte sie äußerst günstig für den Kaiser gestimmt; sie sahen in ihm den weißen Mann, der zu ihrem Glück und zur Erhebung aus ihrer bisherigen gedrückten Lage über das Meer zu ihnen gekommen war, und sie begrüßten ihn mit dem größten Jubel.

In einem, in Form einer Muschel gebauten und mit Goldpapier überzogenen Wagen saßen drei als Engel gekleidete Kinder, die von Zeit zu Zeit, wenn der Wagen

des Kaisers, von der Menschenmenge gehemmt, stille
hielt, zu demselben hingetragen wurden, um ihn mit
Blumen zu überschütten. In einem anderen, mit weißen,
rothen und grünen Draperien (den mexicanischen Farben) bedeckten Wagen wurden die lebensgroßen Bild-
nisse des Kaisers und der Kaiserin nachgeführt. Solcher
Aufzüge gab es mehrere.

Der Zug hielt vor der Kathedrale, welche zur
Rechten des Palastes eine zweite Seite des Haupt-
platzes einnimmt. Hier wurde ein Te Deum abgehal-
ten und von dort bewegte sich der Zug zu Fuß über
Teppiche und unter dem schützenden Dach der Zelte zum
Palast. Der Eingang war mit Fahnen und Blumen-
guirlanden und mit den häßlich gemalten Porträts des
Kaiserpaares geschmückt.

Eine unermeßliche Menschenmenge bedeckte den beinahe unübersehbar großen Platz, doch war alles ordentlich und ruhig; Mexicaner und Indianer sind weder
lärmend noch ungeduldig. Doch zeigte sich viel Freude
und Interesse im Volke und die Begrüßung in Mexico
war eine sehr herzliche. Unter dem Thronhimmel, in
einem schmalen, langen Saal, empfingen die „Emperadores“ die Würdenträger, dann war Diner und Abends
auf dem Platze Feuerwerk.

Alles erschien in großem Putz, in Gala-Uniform
und es war sehr interessant, all' diese fremden Menschen
zu sehen und zu beobachten. Unter Anderen fiel mir

General Miramon auf, ein noch junger Mann, der,
kaum zwanzig Jahre alt, zum Präsidenten der Republik
erwählt wurde, ob seiner Tapferkeit sich in der Armee
großer Beliebtheit erfreute, doch die Reputation mancher
Unthat mit davon trug. Er hatte sich öffentlich zur
Partei des Kaisers geschlagen und ward von diesem
besonders ehrenvoll empfangen. Mit seiner jungen und,
wie man versicherte, besonders ehrgeizigen Gemalin am
Arm, ging er durch die Säle, und auch ihm war jenes
sanfte, feine und schlaue Wesen eigen, das so charak-
teristisch ist und sich in der Erinnerung als Hauptein-
druck stempelt.

Mit dem Gefühle großer Befriedigung zogen sich
die Majestäten in ihre Gemächer zurück und auch wir
theilten diese Empfindung. Alles erschien vortheilhafter,
hoffnungsreicher, als man erwartete, alles hatte die
günstigste Seite hervorgekehrt; die Natur und die Menschen hatten alles aufgeboten, um den Ankömmling zu
gewinnen und vielleicht auch um ihn — zu blenden.

Sechstes Kapitel.

Der kaiserliche Palast. Unzufriedenheit der Europäer. Die Stadt
Merico. Kirchen, Klöster, öffentliche Gebäude und Promenaden. Das
Leben der Mericaner im Hause und auf der Gasse. Die Indianer.
Ihre Abstammung, ihr Charakter, ihre Lage. San Anita und
Irtacalco.

Noch vor der Ankunft des Kaiserpaares hatten
wir der Einladung einiger mexicanischer Herren Folge
geleistet und das Appartement, das man in Eile für
dasselbe hergerichtet, besichtigt. Es war eng, unbequem
in der Eintheilung, äußerst geschmacklos in der Ausschmückung, doch hatte man große Einfachheit vorherr-
schen lassen und so konnte der Kaiser ohne Scrupel
Veränderungen treffen, die seiner Bequemlichkeit und
seinem Geschmacke angemessener schienen. Nicht ein
großer Saal war vorhanden, wo Empfang oder Diners
abgehalten werden konnten, alle Zimmer waren gale-
rienartig eng und ziemlich niedrig. Obwohl noch vor
unserer Abreise große Umgestaltungen vorgenommen,
Plafonds erhöht, Wände weggerissen wurden, so blieb
das Ganze doch wenig versprechend. Ebenmaß und Großartigkeit der Verhältnisse waren nicht mehr herzustellen.

In Mexico versteht man es gar wenig, das Material zu benützen, welches das Land in so reichem Maße bietet und wodurch sich Pracht und Solidität in seltenem Grade vereinigen ließen. Der schönste Porphyr bildet die Felsenwände der dortigen Berge, die kostbarsten und besten Holzgattungen modern in den Wäldern. Davon ist an den Privatbauten und Einrichtungen beinahe nirgends eine Spur zu sehen.

Ueberall werden die banalsten europäischen Erzeugnisse benützt, Möbel und Stoffe mit schwerem Gelde über das Meer geschafft. Parquette sind in Mexico ganz unbekannt; große glacirte Ziegel bilden den Fußboden, sind aber beinahe überall mit Teppichen belegt. Die Wohnung der Kaiserin glich denn auch vollkommen dem Appartement eines europäischen Gasthauses. Hübscher war ihr dunkelblau geschmücktes Schlafzimmer und dort bewunderten wir aufrichtig das Geschenk der Damen Mexico's: einen silbernen Toilettetisch, der in allen Details sehr hübsch und kunstvoll gearbeitet war.

Das Kaiserpaar zeigte sich mit allem zufrieden, die Kaiserin war über alles entzückt. Viel weniger schien dies bei ihrer Begleitung der Fall. Die braven Diener des Kaisers, welche in Mailand und Miramar ihre Stelle vertrefflich ausgefüllt und auch auf der Reise eine große Aufopferung bewiesen hatten, waren hilf- und ratlos in den neuen Verhältnissen. Sie fanden nichts vor, wußten sich nichts zu verschaffen und doch wurde gleich

mit Festlichkeiten begonnen. Niemand stand an der Spitze,
der wohlwollend und sachverständig geordnet und geleitet hätte; nichts war geregelt, der Lohn der Leute der
großen Theuerung im Lande nicht angemessen. Einige
von ihnen, die mit Weib und Kind über das Meer
gekommen waren, wußten nicht, woher sie nur das Aller-
nöthigste für dieselben beischaffen sollten. Blaß und ver-
stört lief alles durch einander, in dumpfer Verzweiflung,
manche wollten gleich nach Europa zurück. Dabei benützten einige Mexicaner, die im Palacio bedienstet waren,
die gänzliche Rathlosigkeit der armen Leute, um sie zu
übervortheilen und so war die Stimmung eine sehr dü-
stere. Aber auch höher hinan stieg die Unzufriedenheit.
Officiere, die den österreichischen Dienst mit dem mexicanischen vertauscht hatten und sogleich goldene Berge
erwarteten, fühlten sich anfangs außerordentlich ent-
täuscht und statt mit Interesse Land und Leute zu beobachten und im neuen Leben sich den neuen Verhältnissen anzuschließen, beklagten sie nur die Entbehrung
ihrer alten Gewohnheiten und überließen sich der hypo-
chondrischsten Laune. Zum Glück blieb die Mehrzahl
meiner Reisegefährten von dieser Auffassung frei und
nachdem die ersteren nur nach und nach sich mit der
neuen Existenz vertraut machten, begannen wir sogleich
alles Neue und Interessante hervorzusuchen und die
Zeit unseres Aufenthaltes in der neuen Welt nach Möglichkeit zu benützen.

Vor allem galt es, die Stadt Mexico selbst zu besichtigen, in welcher leider beinahe keine Spur azte= kischen Lebens mehr geblieben ist. Tenochtitlan wurde von den Conquistadores gänzlich zerstört und die Stadt Mexico an ihrer Stelle 1524 von Cortez neu gegrün= det. Ihr Umfang beträgt sechs Leguas: sie ist außer= ordentlich regelmäßig gebaut, die Straßen sind sehr breit, oft 6—9000 Fuß lang, die Plätze sind sehr groß und überall erblickt man die Berge, welche die Hochebene umschließen, klar und hell. Die Häuser sind nie über zwei Stockwerke hoch, haben keine Dächer und sind mei= stens von einer merkwürdig nüchternen Architektur. Nur die kleinen Balcone an den tiefgehenden Fenstern unter= brechen die Flächen der Mauern. Einige Häuser, so das jetzige Hôtel d'Iturbide, einst das Wohnhaus dieses Generals, des nachmaligen Kaisers Augustin I., sind sehr überladen mit Säulen und Stuccaturarbeit. Alle haben niedere, gedrückte Proportionen. Die Stadt hat Kirchen und Klöster in großer Menge, sie zählt fünfzehn Pfarrkirchen: von den Klöstern sind viele auf= gehoben, viele in Ruinen.

Die Kathedrale, welche sich auf einer mit Ketten und Alleen umgebenen Estrade erhebt, ist schön und großartig im dorischen Styl aus großen Porphyrquadern erbaut. Zu jeder Seite der Façade erhebt sich ein 118 Fuß hoher, in drei Etagen gebauter und mit einer Kuppel geschlossener Thurm: Balustraden, mit Statuen

geziert, umlaufen dieselben. Drei Portale an der Haupt=
facade führen in das Innere der Kirche, das aus fünf
hoch und kühn gewölbten Schiffen besteht, die durch
schöne dorische Pfeiler gestützt sind. Der Hochaltar steht
frei in der Mitte des Hauptschiffes und ragt bis zur
Decke des Domes hinan. Die großartige Wirkung des
Ganzen wird aber gar sehr durch die Ueberladung gestört,
welche bei der Ausschmückung der Kirche vorherrscht.
Die Seitenschiffe sind so sehr durch kleine Kapellen ver=
baut, durch Seitenwände unterbrochen, daß sich der Blick
in dem Labyrinthe nicht zurecht finden kann. Hier wie
in allen mexicanischen Kirchen spielt die Holzsculptur
eine große Rolle. In mehr als Lebensgröße stehen be=
malte Holzfiguren, welche Christus, die Mutter Gottes,
die Heiligen darstellen, in Nischen und an den Altären,
und obgleich Manche sehr ausdrucksvoll und gut gear=
beitet sind, so machen sie doch einen äußerst unschönen
und störenden Eindruck.

An der westlichen Außenmauer der Kathedrale ist
ein großer, sehr merkwürdig gearbeiteter Kalenderstein
der Azteken eingemauert, der den Astronomen beweist,
wie sehr die Azteken wissenschaftlich gebildet waren und
wie wenig sie in dieser und manch' anderer Beziehung
von den Europäern zu lernen hatten. An die östliche
Seite der Kathedrale ist die Pfarrkirche des Sprengels,
„El Sagrario" gelehnt, die aus einem röthlichen Stein

im Renaissancestyl gebaut und mit Sculpturen und Verzierungen überladen ist.

Von den Klöstern war das von San Francisco hochberühmt durch seine Größe und seinen Reichthum, so wie durch die Pracht seiner Portale. Es enthält sieben große Kapellen. Als ich nach Mexico kam, lag es völlig in Schutt und Trümmern; man war eben mit der Demolirung desselben beschäftigt. Großes Interesse bietet das Museum und der Custos desselben: Don Ramirez, der bedeutendste mexicanische Gelehrte, führte uns in dasselbe ein und erklärte uns die wichtigsten Einzelheiten, wie auch vieles über die aztekische und voraztekische Zeit.

Die aztekischen Alterthümer haben eine merkwürdige Aehnlichkeit mit den altägyptischen Ueberresten, welche sich in allen Museen unserer Hauptstädte vorfinden. Viele Basreliefs enthalten Scenen aus dem Leben und den Thaten der Könige und Manches dient den Gelehrten zum Aufschluß über die bisher noch in tiefe Dunkelheit gehüllte, alte Geschichte des Landes.

Die Azteken, welche sich sowohl einer Hieroglyphenschrift, als auch gewisser Zeichen bedienten, die Laute und Worte bedeuteten, hatten viel Wichtiges auf Papier geschrieben, das sie aus Maguenenblättern verfertigten, und diese Schriften in Bibliotheken vereinigt.

Der erste Erzbischof von Mexico, dem übrigens der Ruhm bleibt, die Indianer warm vor der Habgier der

Colonisten geschützt zu haben, ging in seinem Feuereifer, den Götzendienst im Lande auszurotten, so weit, daß er alle Schriften der Azteken sammeln ließ und sie auf dem Hauptplatze von Mexico verbrannte, eine Maßregel, die nicht genug bedauert werden kann. Gewiß ist es, daß Wissenschaften und Künste in hohem Grade in dem Lande blühten, und daß außer dem furchtbaren Götzendienste, der aus den blutigsten Opfern bestand, viele weise und edle Gesetze herrschten.

Die Stadt Tescuco, am anderen Ende des Sees, der Tenochtitlan bespülte, war das Athen der neuen Welt. — Hierher wurden aus dem ganzen Anahuac die reichen Söhne gesendet, um an dem Born der Gelehrsamkeit zu trinken. Hier wurden Poesie, Geschichte, Astronomie und Philosophie gelehrt. Hundert Jahre vor der Eroberung herrschte in Tescuco König Nezahualcoyatl, der den Thron seiner Väter wieder gewann und Tescuco zu einem Musensitz stempelte. Tage wurden bestimmt, an welchen Dichter, Schriftsteller und Gelehrte sich versammelten, vor einem Areopag von Sachverständigen ihre Werke vortrugen und mit Preisen belohnt wurden. Auch jene Männer, welche den Unterricht der Jugend leiteten, wurden dort geprüft und zur Rechenschaft gezogen. Nezahualcoyatl selbst war Dichter, und einige seiner Oden, Maximen und philosophischen Grundsätze sind noch der Nachwelt bewahrt und beweisen den edlen Sinn des Königs, der in seinem

Leben und Wirken manche Aehnlichkeit mit Harun al
Raschid zeigt.

Wenn dem Kaiser Maximilian Ruhe und Zeit
gegönnt wird, Nachforschungen und Ausgrabungen vornehmen zu lassen, so wird gewiß noch Vieles an's Licht
befördert werden. Gleichwie bei Herculanum und Pom-
peji, birgt der vulcanische Boden Mexico's noch viele
Ueberreste der alten Zeit und die Ruinen, die man
kennt, zeigen eine Pracht und Großartigkeit, wie wenig
andere in der Welt.

Unbekannt ist es noch, welche die Werkzeuge waren,
deren sich die Stämme jenes Landes bedienten, um den
Stein zu bearbeiten. Eisen war ihnen ganz fremd; man
glaubt, daß sie die Bronze benutzten. Ebenso wußten
sie die harte, aber glasartige vulcanische Substanz, den
Obsidian, zu scharfer Klinge zu schneiden. Ihre Minen
lieferten ihnen Blei, Zinn, Silber, Gold und Kupfer.
Die werthvollen Metalle wußten sie mit großem Ge-
schick zu Schmuckgegenständen und Trinkgefäßen zu
verarbeiten und mit Edelsteinen und Email zu besetzen.

Sehr merkwürdig war auch ihre Kunstfertigkeit, mit
den glänzenden Federn der Vögel des Landes Stoffe
in mannigfaltiger Zeichnung zu durchweben und zur
Kleidung der Reichen, sowie zum Schmucke der Paläste
und Tempel zu verwenden. Der aztekische Häuptling
trug solch' einen Mantel über den goldenen Küraß,
wenn er seine Krieger zur Schlacht führte.

Auch die sehr interessante Academia de San
Carlos wurde als eine Schule für Mathematik, Archi-
tectur, Malerei, Sculptur und Kupferstecherkunst von
den Spaniern gegründet und erfreute sich eines hohen
Aufschwunges. Die trostlosen Verhältnisse des letzten
halben Jahrhunderts haben diese wie jede geistige
und materielle Blüthe gänzlicher Vernachläßigung an-
heim gegeben. Dennoch bieten die Säle den Anblick
manch' schönen Bildes der spanischen Schule und wenn
die Namen Murillo, Velasquez zc. auch nicht
mit voller Berechtigung unter den Bildern prangen,
so sind doch jedenfalls sehr schätzenswerthe Copien vorhanden. Auch in den Leistungen mexicanischer Kräfte
offenbart sich ein unverkennbares Talent, das weniger
schöpferischen Geist als die Gabe verräth, das Gesehene
richtig aufzufassen und getreu wieder zu geben.

El colegio de Mineria ist beinahe das schönste
öffentliche Gebäude Mexico's, aus grünem Porphyr, in
edlen und schönen Verhältnissen und mit würdiger Or-
namentik errichtet.

Mexico besitzt vier bis fünf Theater, wovon zwei
zu den hübschesten gehören, die ich je gesehen habe; sie
sind groß, sehr akustisch gebaut, die geräumigen offenen
Logen werden von zierlichen Säulen getragen und auf
weißem Grunde winden sich leicht geschnitzte und vergoldete Blumenguirlanden; die Beleuchtung ist sehr
glänzend und die Gewohnheit der Mexicanerinnen, nur

im größten Putz das Theater zu besuchen, gewährt einen
sehr schönen und festlichen Anblick.

Für das auch in Mexico sehr populäre Vergnügen
der Stierkämpfe ist ein Circus außerhalb der Stadt,
am Paseo de Bucareli, der Lieblingspromenade der
Mexicaner, erbaut. Ich konnte mich nicht entschließen,
diesem barbarischen Vergnügen zuzusehen, bei welchem
Stiere und Pferde eine so erbärmliche Rolle spielen
sollen, daß es von einem kühnen Kampfe zu einer
widrigen Schlächterei herabgesunken ist.

Sehr großartig sind die Wasserleitungen, welche,
von den Spaniern erbaut, der Stadt von zwei Seiten
gutes Trinkwasser aus dem Gebirge zuführen. Diese
Aquäducte entbehren leider längst der Reparatur und
überall sieht man zwischen den geborstenen Bögen das
Wasser durchsickern. Es mündet in zwei Fontainen, bei
denen eine große Anzahl Männer beschäftigt ist, das
Wasser in thönerne Krüge zu füllen. Diese „Aguadores" sind sehr charakteristische Erscheinungen mit ihrer
Bürde, die sie an Riemen befestigt auf dem Rücken
und an der Brust tragen. Sie wandern von Haus zu
Haus, laut ihr „Agua" schreiend. Ueberall herein-
gerufen, schütten sie das Wasser in die großen steinernen
Filtrirtrichter, die in allen Häusern angebracht sind.
Dieses Wasser ist rein und gesund, wird aber nur
durch die Beimischung von zerhacktem Eis kalt und
labend. Der Popocatepetl liefert das Eis für ganz

Mexico; nur nach Veracruz und den Küstenstädten wird
es in großen Ladungen zu Schiff von Nordamerica gebracht. Die Consumtion davon ist ziemlich groß, denn
überall, selbst in den einsamsten Stationen, wird dem
Reisenden in blechernen Gefäßen eine Art Gefrorenes
oder kalter Limonade geboten, was in der tierra caliente
eine große Wohlthat ist.

Die beliebteste Promenade der Stadt ist die Alameda, ein schattiger, nicht sehr großer, verwahrloster
Garten mit Ruheplätzen und Springbrunnen. Hierher
begeben sich die Damen Mexico's zu Fuß, wenn sie
des Morgens aus der Kirche kommen. Schwarz gekleidet und mit der Mantilla gehen sie hier langsam
auf und ab oder sitzen plaudernd auf den steinernen
Bänken. Eine französische Militärmusik spielte mehrmals in der Woche von acht bis zehn Uhr Morgens,
und obwohl ihre Leistung nicht eben künstlerisch war,
versammelte sie doch viele Menschen aus allen Ständen.
Mexicaner und Franzosen fanden sich zu Fuß ein, oder,
von ihren Spazierritten zurückgekehrt, umstanden sie zu
Pferd in langen Reihen die Alameda, deren innere
Wege nur den Fußgängern vorbehalten sind. Auch
Damen betheiligen sich häufig an diesen Morgenritten
und sind kühne und passionirte Amazonen.

Die Hauptstraße Mexico's, die Calle de los Pla-
teros, die in ihrem ferneren Verlaufe Calle de San
Francisco heißt, führt zur Alameda und an ihr vor-

bei gelangt man zum Paseo de Bucareli, dem Ziel
der Spazierfahrten der Mexicaner. Hier steht eine schöne
Reiterstatue Carl's des Vierten, ein Werk des Pro=
fessors Tolsa. Diese Statue wurde ursprünglich auf
der Plaza Mayor errichtet, aber hierher versetzt, um
auf jener Stelle der Unabhängigkeit Mexico's ein Denk=
mal zu setzen, was aber bisher unterblieben ist.

Der Paseo ist eine lange Allee, die aus vier
Reihen häßlicher, verkrüppelter, pappelartiger Bäume
besteht; zu beiden Seiten sind Fuß= und Reitwege an=
gelegt, der Weg selbst ist sehr schlecht erhalten, hol=
perig und uneben. Auf zwei Rundplätzen sind Spring=
brunnen mit unschönen Statuen angebracht. Rechts und
links erstrecken sich sumpfige Wiesen, auf welchen Vieh
weidet, und die mehrmals durch üppige Alleen unter=
brochen sind. Die Eine führt nach dem auf einem
Porphyrhügel gebauten, das weite Thal beherrschen=
den Schlosse Chapultepec. Eine künstlerisch schaffende
und ordnende Hand könnte aus dieser jetzt ziemlich un=
schönen Promenade eine Anlage bilden, welche alle ge=
priesenen Thiergärten, Parks, Bois, unserer Haupt=
städte weit hinter sich lassen würde, indem der frucht=
bare, durch Abzugscanäle leicht von dem Uebermaß an
Feuchtigkeit zu befreiende Boden völlig geeignet wäre,
die reizendsten und mannigfaltigsten Gewächse hervor=
zubringen und ein großartiges Bild der Pracht mexi=
canischer Pflanzenwelt zu bieten.

Die herrlichsten Berge erheben sich im Hintergrund; hier liegt von schönen Bäumen umgeben das ehemalige Kloster La Piedad; dort lehnt an den Hügeln die kleine Stadt Tacubaya mit den reizenden Villen der reichen Mexicaner, nahe daran erblickt man, von hohen Bergen überragt, Chapultepec über den Gipfeln jener herrlichen berühmten Bäume, die sich schon mächtig zum Himmel erhoben, als Montezuma in ihrem Schatten wandelte. Im Osten liegt die Stadt Mexico; die Abendsonne beleuchtet ihre Kuppeln und von den Thürmen tönen die Abendglocken, die zum Ave Maria rufen; im Süden glänzt der See von Tescuco und über ihn ragen die Vulcane mit ihren blendend weißen Häuptern mächtig hinan.

In langen Wagenreihen begeben sich die Mexicaner gegen sechs Uhr Nachmittags nach dem Paseo. In geschlossenen Kaleschen sitzen die Damen in Abendtoilette, mit bloßen Schultern und Blumen im Haar. Die Equipagen lassen sehr vieles zu wünschen übrig. Oft zieht ein großes Maulthier an der Seite eines kleinen Pferdes den alten, geschmacklos gebauten, häßlichen Wagen, und da Pferde überhaupt selten eingespannt werden, so sind sie in dieser Verwendung meist widerspenstig, während sie als Reitpferde an Dauerhaftigkeit und Intelligenz alles übertreffen, was man gewöhnlich von diesen edlen und nützlichen Thieren erwartet.

Die Herren erscheinen hier meistens zu Pferd und
sind da immer im Nationalcostume, während sie im
Hause oder zu Fuß auf der Gasse die gewöhnliche französische Kleidung tragen. Der große lichte Sombrero,
der Hut mit steifer breiter Krempe, welcher die Schultern
überragt, mit Goldschnüren verziert, die dunkle Jacke
mit den vielen kleinen Silberknöpfen, die reich in Gold
und Silber gestickten Zapateros, welche über das gewöhnliche Beinkleid gezogen, von unten nur über das
Knie reichen und mit einem Gurte um den Leib gehalten
werden, sind sehr kleidsam, und nicht minder geschmückt
wie der Reiter, ist sein kleines gedrungenes Pferd.

Der Sattel ist reich in Gold oder Silber gestickt,
der große Sattelknopf und die Rücklehne sind mit Silber beschlagen, ebenso verziert sind Mundstück und Kopf-
zeug; die Zügel bestehen aus einer bunten seidenen
Schnur, die großen Radsporen sind aus Silber. Der
Junggeselle trägt die Schleife seiner „Novia" am Stirn-
band des Pferdes. Hinter der Sattellehne ist stets
der bunte Sarape geschnallt und hinter demselben fällt
von beiden Seiten ein Bocksfell tief herab und dient
den Pistolen zum Schutz. Auch der Lasso hängt am
Sattel. So reitet der Mexicaner nach dem Paseo, so
macht er die Reisen durch das weite Land. Von Hacienda zu Hacienda, von Ort zu Ort, wird die fernste
Strecke zurückgelegt, überall findet er für sich und sein
Pferd die gastfreundlichste Aufnahme, nirgends wird

für die Verköstigung von beiden eine Bezahlung ange=
nommen.

Das ganze Leben der Mexicaner trägt den Stem=
pel eines dolce far niente; nie sieht man sie geschäftig
durch die Straßen eilen, nie ist ihre Zeit in Anspruch
genommen. Sie stehen früh auf, die Damen gehen tief
verschleiert in die Kirche, die Herren beginnen ihren
Morgenritt. Nach dem Spaziergange auf der Alameda
zieht sich alles in die Häuser zurück; gewöhnlich wird
dann ein Bad genommen, wozu sowohl gut und rein=
lich organisirte öffentliche Bäder in allen Straßen der
Stadt, als auch Badezimmer in allen Privatwohnungen
dienen.

Oft sieht man die Mexicanerinnen, das reiche Haar
aufgelöst, das mantelartig ihre Schultern umwallt und
beinahe bis zu den Füßen reicht, auf den Terrassen des
Hauses auf= und nieder gehen, um es trocknen zu lassen.
Dieses tägliche Waschen der Haare, hat den Nachtheil,
daß dieselben an Feinheit und Gleichheit der Farbe einbü=
ßen. Die armdicken Zöpfe, welche den kleinen Kopf der
Mexicanerinnen zieren und die vom dunkelsten Schwarz
sind, bekommen an den Enden eine röthliche Färbung.

Mit der Vollendung der Toilette vergeht langsam
die Zeit: sind Kinder im Hause, so wird ihrem Spiel
zugesehen, doch auch diese sind sanft und ruhig wie die
Eltern. Nie sah ich so wohlerzogene Kinder wie in
Mexico: kein Lärmen, kein Streiten ist vernehmbar.

Die kleinen Wesen scheinen sehr frühreif, entwickeln sich sehr schnell, sind meistens äußerst zart. Es ist schreck=
lich, wie viele Kinder, selbst in den reichen Familien, die ihnen alle Pflege angedeihen lassen könnten, zu Grunde gehen. Und es ist kein Wunder, wenn man die Art sieht, wie sie aufgezogen werden. Die Frauen sind meistens äußerst schwächlich, nichts in ihrer Lebens=
art könnte sie stärken und kräftigen. Sie heiraten mit vierzehn, fünfzehn Jahren; der Kindersegen ist sehr groß; fünfzehn, achtzehn Geburten von einer Mutter sind nichts seltenes. Die Kinder kommen daher äußerst schwächlich zur Welt, werden von den sehr zärtlichen Müttern meistens selbst genährt und schon vom frühesten Alter an wie die Puppen behandelt. Früh Morgens, wenn die Sonne eben erst aufgegangen ist und keines=
wegs noch die empfindliche Kühle der Nacht verscheuchte, die besonders im Schatten sehr fühlbar ist, sah ich schon die kleinsten Wesen zierlich gekleidet, mit nackten Aerm=
chen und Hals nach der Alameda tragen. Sie sind völlig jungen Indianermädchen anvertraut, und selbst in den reichsten Häusern ist es nicht Sitte, sie der Pflege erfahrener Frauen zu übergeben. Im zartesten Alter nimmt sie die Mutter mit zur Paseofahrt, die erst um sechs Uhr unternommen wird und bei welcher ich nie den Mantel entbehren konnte, da die Kühle bei Sonnenuntergang sehr empfindlich ist; gleichwohl saßen die Kleinen halb nackt an den offenen Wagenfenstern

und die unvernünftige Liebe der Eltern opferte schon
da, gedanken- und bewußtlos, die Gesundheit ihrer
Kinder der Eitelkeit.

Wenn sie heranwachsen, besuchen sie während mehrerer Stunden des Tages Schulen und Pensionate. Ich
besichtigte eine solche Schule und sprach mit der Vor-
steherin derselben, einer französischen Klosterfrau, die
mit mehreren Ordensgenossinnen den Unterricht der
Mädchen leitete. Sie versicherte mir, sie hätte nie so
gelehrige, folgsame, gut geartete Kinder gesehen wie
hier. „Chez nous ce sont de petits diables, mais
ici, ce sont de petits anges", sagte sie. Aber schon
in so jungen Jahren fehlt eine gewisse Offenheit, ein
wahrhaft kindliches, rückhaltsloses Wesen. Die Intelligenz, die sehr früh erwacht und bei Kindern von zwei
bis drei Jahren oft schon staunenswerth ist, erreicht
schnell eine gewisse Höhe, aber dann bleibt sie in der
Stagnation. „A douze ans, ils n'avancent plus", sagte
die Klosterfrau, eine prächtige, rührige, energische Frau
mit einem männlichen Wesen und einem warmen,
menschenfreundlichen Herzen.

Mit acht, neun Jahren sitzen die armen Kinder,
die Köpfchen mit künstlichen Blumen geschmückt, mit
dem Schlaf kämpfend in der Oper, die bis Mitternacht
dauert. Viele sterben sehr jung, die andern, vorzüglich
die Frauen, führen das Leben einer Treibhauspflanze.

Zwischen zwölf und ein Uhr wird ein zweites Früh=
stück eingenommen, das meistens aus Nationalspeisen
besteht. Bei Arm und Reich spielen die Tortilla's und
Frijoles eine große Rolle. Erstere sind ein aus gerie=
benem Mais verfertigtes Backwerk in der Form einer
dünnen Scheibe, tellergroß, weich und geschmacklos.
Dieses vertritt bei der unteren Classe die Stelle des
Brodes; leicht gerollt wird es von dieser auch als Löffel
benützt. Frijoles sind kleine schwarze Bohnen, die be=
sonders in der Gegend von Veracruz sehr gut gedeihen,
lange gekocht die Farbe von Chocolade annehmen und
eine gute und schmackhafte Nahrung bieten. Ragout
von Truthühnern (guajolote) mit Chile, einer Art
Pfeffer und Tomaten, Paradeisäpfeln, bereitet, ist eine
Lieblingsspeise. Mit Maismehl gemischt und in Mais=
blätter gewickelt, in Dunst gekocht, bildet es die beste
Speise des Landes, die Tamales. Im Ganzen ist die
Kochweise Mexico's eine unserem Gaumen und unserem
Magen wenig zusagende. Schweinefett wird bei allen
Speisen, auch den süßen, in großer Menge verwendet.
Eine gute Suppe ist eine beinahe unbekannte Sache.
Der Caffee, welcher in vorzüglicher Sorte wächst, wird
so schlecht bereitet, daß er beinahe ungenießbar ist, hin=
gegen ist die Chocolade, stark mit Zimmt versetzt, sehr
gut und wird viel getrunken.

Die Nachmittagsstunden vergehen im Empfang und
der Erwiederung von Besuchen; nie sah ich ein anderes

Buch in der Hand einer Dame, als das Gebetbuch, nie
eine Arbeit. Briefe schreiben sie meist mit ungeübter
Hand. Die Ignoranz ist eine völlige, sie haben auch nicht
den geringsten Begriff von Geographie und Geschichte.
In Europa gibt es für sie nur Spanien, woher sie stam=
men, Rom, wo der Papst herrscht, und Paris, woher
ihre Kleider kommen. Von anderen Ländern, anderen
Nationen haben sie keine Ahnung und sie konnten es
nicht begreifen, daß Französisch nicht unsere Landes=
sprache sei. Sie selbst haben auch von dieser Sprache
nur schwache Notionen; blos seit dem Einmarsch der
Franzosen haben sie darin einige Fortschritte gemacht.

In sehr vielen Häusern gibt es kein eigentliches
Mittagsmahl; man läßt sich eine Chocolade oder eine
Speise bereiten, lebt überhaupt äußerst mäßig. Wein
oder Bier wird sehr wenig getrunken, doch fehlt der
Pulque auch nicht auf den Tischen der Reichen. Wenn
diese Gäste laden, so nimmt die Reihe der Speisen kein
Ende. In den Familien, wo regelmäßige Mahlzeiten
gehalten werden, sind immer mehr Plätze am Tische,
als Hausgenossen, denn immer findet sich ein Verwandter,
ein Freund, der auch ungeladen daran Theil nimmt und
mit dem herzlichsten Wohlwollen empfangen wird. Nach
der Paseostunde fährt man in's Theater, wenn eben
Oper ist: gewöhnlich bleibt die Familie zusammen,
einige vertraute Freunde kommen, man spielt Karten,
macht Musik, plaudert. Die Mexicanerinnen haben viele

Freude an der Musik und viel Talent dazu, sie spielen oft sehr hübsch Clavier und besitzen auch wohlklingende Stimmen. Wenn die Jugend zusammen kömmt, wird getanzt, und solch' anspruchslose Vergnügungen nennt man Tertulia's.

Das Familienleben ist ein sehr inniges, das Verhältniß zwischen Eltern und Kindern und zwischen Geschwistern ein sehr zärtliches.

In Mexico herrscht die sonderbare Sitte, daß die Mädchen bei ihrer Verheiratung nicht in das Haus ihres Mannes ziehen, sondern daß sehr oft der Mann ein Hausgenosse der Familie seiner Frau wird. So bildet sich ein großer Kreis um das Elternpaar; Töchter, Schwiegersöhne, Enkel, Schwäger und Schwägerinnen, Vettern und Basen bewohnen oft ein verhältnißmäßig kleines Haus, leben von der Großmuth des Familienhauptes und zollen ihm auch viel Ehrfurcht. Selten treten sie aus diesem Kreise und selbst dann nur in einen ganz ähnlichen; die Ideen bleiben äußerst eng, das Interesse dreht sich beinahe ausschließlich um die Ereignisse des Familienlebens. Worin man aber den Frauen Mexico's im Großen und Allgemeinen unendlich Unrecht thut, das ist in Bezug auf ihre Moralität. Schon das Bollwerk der Verwandten, das gewöhnlich eine junge Frau umgibt, setzt sie weniger den Gefahren aus; doch fand ich sie beinahe überall zurückhaltend und vorzüglich der Anmaßung der Fremden gegenüber streng und beinahe

prüde. Die Ehen sind innig und glücklich; überall sieht
man die Eheleute mit einander; der Gatte überhäuft
seine Frau mit Geschenken, was als Beweis von Liebe
sehr hoch gehalten wird. Nichts spricht so sehr für die
Tugend der mexicanischen Frauen, als die große Unzu=
friedenheit der Franzosen. Als ich einst einen jungen
Pariser, welchen man zur Strafe für großen Geldauf=
wand nach Mexico geschickt hatte, frug, warum man
denn glaube, daß die Herren in Mexico weniger Geld
ausgeben würden, als daheim, antwortete er mir:
„à Paris on ne se ruine que pour les femmes, et
à Mexico elles n'éxistent pas pour nous." Daß es
Ausnahmen gibt, will ich nicht bestreiten, doch begegnet
man diesen mit großer Mißachtung. Vor den Franzosen
herrscht auch in dieser Beziehung großes Mißtrauen,
man fürchtet ihre Prahlerei, selbst bei den geringsten
Anlässen.

Viel freiere Gewohnheiten gelten bei den Mädchen;
ihnen wird Putzsucht, Eitelkeit, Coquetterie in weit höhe=
rem Maße gestattet; sie sind von Bewerbern umgeben,
mit welchen sie unbeengt verkehren und allerlei kleine
Liebesintriguen anspinnen, bei welchen es an Rendezvous
und geheimen Correspondenzen nicht fehlt. Ein junger
Mann, welcher während längerer Zeit ein Mädchen aus=
zeichnet, gilt als ihr „Novio", doch ist dieser noch nicht
ihr Bräutigam; nur gewinnt er das Recht, sie bei
Spazierritten zu begleiten, auf dem Paseo, wo sich die

Wagen oft in langer Reihe aufstellen, um die Menge
an sich vorüber fahren und reiten zu sehen, den Platz
an ihrer Seite einzunehmen, im Theater in ihrer Loge
zu sitzen, sie zu beschützen und zu geleiten, wo es eben
Noth thut. Keiner wird es verargt, wenn sie an meh=
rere Novio's ihre kleinen Gunstbezeigungen vertheilt und
sie bald durch Freundlichkeit anzieht, bald durch Kälte
zurückstößt. Der Mexicaner beweist auch darin viel Ge=
duld, Jahre lang dauern oft seine Bewerbungen, Jahre
lang die Unentschlossenheit der „Novia". Wenn sie ihn
am Ende doch erhört und zum Gatten erwählt, so ist er
überglücklich.

Auch den Huldigungen der Franzosen liehen die
Mädchen ein weit freundlicheres Ohr, als es den be=
sorgten Müttern lieb war, und es kam zu manchem Auf=
tritt in den Familien, ja selbst zu Zweikämpfen zwischen
den Brüdern der Mädchen und den unbescheidenen Ein=
dringlingen. Die Franzosen haben diese in ihrer Heimat
ihnen so fremde Art des Verkehres mit Mädchen aus
achtbaren Familien nach dem spanischen Hauptwort
„novio" — novioter genannt: le capitaine un tel
noviotte Mademoiselle Lupita où Concha — ist eine
dort gebräuchliche Redeweise.

Ueber die Schönheit mexicanischer Frauen hörte
ich viel streiten; im Ganzen genießen sie diese Reputa=
tion und verdienen sie jedenfalls für die Pracht ihrer
Haare und Zähne, den tiefen Glanz ihrer großen, schwar=

zen, melancholischen Augen, die wunderbare Kleinheit
ihrer Hände und Füße. Ich sah Frauen mit solcher
Feinheit der Züge, mit solcher Anmuth und Grazie der
Gestalt, mit einem so edlen, einfachen, ungezwungenen
Benehmen, daß mich ihr Anblick stets mit Bewunde=
rung erfüllte.

Fausta Aregunaga, die Tochter aus der in
Yucatan reich begüterten Familie der Gutierez, war es
vor Allen, deren feenhafte Erscheinung für mich ein
wahrer Augentrost war. Nie sah ich die vollkommenste
Schönheit mit so großer Lieblichkeit vereint, und wenn
ich an alle Herrlichkeiten jener Länder denke, die oft
eine stille Sehnsucht in mir erwecken, dann taucht jene
Huldgestalt in meiner Erinnerung auf und der feuchte
Blick ihrer Augen, das Lächeln ihrer zarten Lippen be=
leben das Bild und verleihen ihm den höchsten Zauber.

Die Jugendblüte dauert nur kurze Zeit und im
reiferen Alter werden die Frauen meistens sehr stark;
auch zeigt sich dann oft ein dunkler Flaum auf der
Oberlippe und manche Dame erfreut sich eines ziemlich
stattlichen Schnurrbärtchens.

Auch die Männer sind klein und zart, doch wohl=
gestaltet, ihre Hände und Füße sind ebenfalls auffallend
klein und als wir Sombreros kaufen wollten, bemerk=
ten wir, daß wir Europäerinnen für die Hüte der
Mexicaner zu große Köpfe haben.

Von ihrem sanften, feinen, stets rückhaltenden,
mißtrauischen und vorsichtigen Wesen habe ich schon
früher gesprochen. Ich selbst habe von den Bewohnern
Mexico's nur Freundlichkeit erfahren, sie in ihren Familien und als Gastfreunde, daher von ihrer besten
Seite kennen gelernt. Beinahe wird es mir schwer,
mit in das große Horn ihrer Verdammung zu stoßen.
So viel ist aber gewiß, daß sie selbst im Urtheil über
ihre Landsleute sich der härtesten Beschuldigungen be-
dienen. Keiner traut dem Anderen, Jeder wird von
dem Dritten als Räuber und Verräther bezeichnet.

„Chez nous, rien n'est organisé, que le vol!"
sagte mir ein äußerst liebenswürdiger Mexicaner, der
viel im Auslande gelebt hatte und uns in den ersten
Tagen unserer Anwesenheit als Cicerone diente, bis ihn
eine diplomatische Mission nach Europa führte. Leider
hatte er damals nur zu sehr recht, denn gestohlen ward
überall und nicht blos vom Straßenräuber, der die
Diligence plünderte oder die Haciendas überfiel. Der
Präsident der Republik gab meistens das Beispiel. Nur
für drei Jahre erwählt, gewöhnlich viel früher durch
das Pronunciamento eines Rivalen verjagt, benützte
er die kurze Zeit seiner Macht, um seinen Säckel zu
füllen, seinen Verwandten zu hohen Aemtern zu ver-
helfen und ihnen dadurch zu gleichem Zweck Gelegenheit zu bieten; so ging es hinab bis zu den niedersten
Stellen. Industrielle Menschen benützten klug die Ver-

legenheiten der Regierung, um Concessionen zu allerlei
Unternehmungen unter den — für das allgemeine Wohl
— aller unvortheilhaftesten Bedingungen zu erhalten.
Auf solche Weise wurde mancher in kürzester Zeit zum
Crösus. Geldgier ist überhaupt ein großer Fehler der
Mexicaner und wenn sie einerseits äußerst freigebig, ja
auch verschwenderisch sind, so erweisen sie sich in der
Art des Gelderwerbes nicht immer wählerisch.

Trägheit liegt in ihrer Natur und in ihren Gewohnheiten. Als Kaiser Maximilian die erste Hand
legte an das Riesenwerk der Reorganisation des Staa-
tes und sich im Lande nach tüchtigen Kräften umsah,
die seiner rastlosen Thätigkeit zu Hülfe kommen sollten,
hatte keiner von jenen, die dem Ruf des Kaisers folgten,
einen Begriff von wahrer und opferwilliger Anstrengung. An Betheuerungen fehlte es nicht; der Mexicaner verspricht immer, aber das Wort einzulösen scheint
ihm keine Nothwendigkeit. Unverläßlichkeit in kleinen und
großen Dingen ist leider ein Grundzug seines Charakters,
dabei ist er weichlich und die Begriffe strenger Ehrenhaftigkeit sind für ihn längst verloren gegangen. Wenn ich
die Mexicaner über ihre Nation das Urtheil fällen hörte,
stieg mir die Schamröthe in's Gesicht; diese Selbst-
beschimpfung war mir überaus peinlich.

Mäßigkeit ist wohl eine Haupttugend der Mexicaner; sie führen meistens ein sehr geregeltes Leben
und nur die Liebe zum Spiele verleitet sie zu großen

Ausschreitungen. Es gab Familienväter, die in wenigen
Tagen Millionen, Haus und Hof verspielten. Schon
in den letzten Jahren war das Hazardspiel streng ver=
boten und ich glaube nicht, daß Kaiser Maximilian
Lust hätte, dieses Verbot aufzuheben. Das Spiel wird
daher nicht mehr so großartig und an öffentlichen Orten
betrieben wie sonst; in Privatkreisen aber wird dieser
Leidenschaft noch vielfach gefröhnt. Eine Hauptbelusti=
gung der Mexicaner besteht auch im Kegelschieben, welches
sie „Bolichi" nennen. An Sonntagen versammeln sich
die Freunde dieses Spiels in den Landhäusern, wo
Kegelbahnen errichtet sind, und auch hierbei wird hoch
gewettet und werden oft große Summen verloren und
gewonnen.

Die innere Bauart und Eintheilung der mexica=
nischen Häuser ist meistens sehr hübsch und bequem.
Die beinahe immer außerordentlich steile Stiege führt
in den breiten Gang, der den Hofraum umgibt und auf
welchen alle Thüren münden. Er ist gewöhnlich mit
hübsch geflochtenen Matten belegt, mit baumartigen
Pflanzen und Blumen geschmückt, Bänke sind daselbst
angebracht. Von dort gelangt man in das, bei reichen
Familien stets mit Teppichen belegte und mit prunk=
vollen Möbeln ausgestattete Gesellschaftszimmer. Son=
derbarer Weise sah ich in mehreren Häusern rechts und
links vom Sopha, welches den vornehmsten Gast auf=
nehmen sollte, in augenfälliger Stellung und weit ent=

fernt von dem bescheidenen Winkel, in welchem ein
derartiges Möbel bei uns kaum mehr geduldet wird,
auf hölzerner Basis weißmarmorne Spucknäpfchen stehen.
Möglich, daß dies noch aus der Zeit stammt, wo keine
Frau ohne die Papiercigarre im Munde leben konnte.
Diese Mode hat sehr abgenommen; das Cigarrenrauchen
der Damen gehört nicht mehr zum guten Ton.

Vergoldungen sind sehr beliebt; vergoldete Tische,
Kästchen und Spiegelrahmen gehören zum gesuchtesten
Luxus. Die Schlaf- und Wohnzimmer der Familie
entbehren oft sehr der Nettigkeit und Reinlichkeit, auch
begnügt man sich für viele Menschen mit wenig Zimmern. Die Mutter und fünf, sechs Töchter schlafen in
einem kleinen Gemach. Die sehr großen und breiten
Betten sind beinahe immer von Eisen. Das Speisezimmer ist neben der Küche angebracht und mittelst einer
Oeffnung in der Mauer und einer Vorrichtung werden
Speisen und Teller durch unsichtbare Hände herein und
hinaus befördert. Der Luxus an Leinenzeug ist ganz
unbekannt. Leibwäsche lassen sich die reichen Mexicaner
aus Paris kommen, Betttücher und Tischzeug sind aber
beinahe immer aus Baumwolle und letzteres sah ich
selbst an der Tafel der reichsten Leute in jammervollem
Zustande.

Die Bedienung im Hause besteht meistens aus
einer großen Zahl junger Indianermädchen, welche die
häuslichen Arbeiten verrichten, im Nähen und Sticken

oft sehr geschickt sind. Die Behandlung derselben ist
eine sehr freundliche, ja beinahe familiäre. Männliche
Bedienung ist sehr gering: höchstens versieht ein Be-
dienter den Dienst bei Tische. Köche wohnen außer
dem Hause und besorgen die Mahlzeiten mehrerer Familien. Alle Diener des Hauses nennen die Kinder
desselben, auch wenn sie erwachsen und verheiratet
sind, „niña" oder „niño" (Kleine, Kleiner) und mit
diesem Namen werden die Vorübergehenden auch stets
von den Bettlern angerufen. Die Sitte des „Shake
hands" erstreckt sich sehr weit, auf Fremde hoch und
nieder und auch auf die Dienstboten. Unsere Herren
waren nicht wenig erstaunt, als ihnen der Besitzer einer
Rasir- und Frisirstube mit diesem freundschaftlichen Gruße
bei ihrem Eintritt in dieselbe entgegenkam. Damen begrüßen sich stets mit einer Umarmung und klopfen sich
dabei leise mit der Hand auf die Schulter, gleichzeitig
werden mit größter Zungenfertigkeit Fragen und Ant-
worten über das gegenseitige Befinden, über das der
Eltern, Geschwister, Kinder 2c. gestellt und gegeben.
Auch wenn ein Herr und eine Dame sich auf der Gasse
begegnen, wechseln sie im Vorübergehen derartige Redensarten. Die Höflichkeitsregeln werden mit der größten Gewissenhaftigkeit beachtet: namentlich die Mexicanerinnen sind sehr abhängig von strengen Schicklich-
keitsformen. Außer des Morgens zur Messe geht keine
Dame zu Fuß: Einkäufe persönlich und in den Läden

selbst zu besorgen, gilt für höchst unschicklich. Das
unbedeutendste Thun und Lassen ist festgesetzt und wird
controlirt. Daß wir in geschürzten Kleidern zu allen
Tagesstunden durch die Straßen gingen, die Kaufläden
und noch lieber die Buden der Indianer besuchten und
sehr oft mit dem erhandelten Gegenstand in der Hand
weiter gingen oder uns größere Einkäufe von einem
Indianer nachtragen ließen, erregte bei unseren neuen
Freunden oft wahres Entsetzen.

Und doch ist für den Europäer nichts interessanter
in der Stadt Mexico, als das Leben auf der Gasse,
vorzüglich des Morgens, wo das Treiben und die Bewegung sehr groß sind. Schaarenweise reiten die Mexicaner zu ihrer Morgenpromenade und dieses Reiten hat
für uns etwas Geheimnißvolles, denn der Tritt der
Pferde ist beinahe lautlos, da die Hufe gewöhnlich
nicht beschlagen sind. Die Damen gehen schwarz gekleidet und dicht verschleiert in die Kirche. Dazwischen
drängen sich die Indianer, halb nackt, mit langen
Stangen, auf welchen sechs bis acht Papageien neben
einander sitzen; andere tragen Backwerk, Quittenkäse,
eingemachte Früchte, verzuckerte Kastanien, Wachsfigu-
ren, Gold- und Silberschmuck, Schildkrotkämme, Sarape's, Reboso's, Töpfe, Körbe, Holzgeschirr, oft auch
arme kleine Colibri's in Käfigen, die nach wenigen Tagen der Gefangenschaft erliegen, Alles dies bieten sie
laut schreiend zum Verkauf; dazwischen ertönt der Ruf

der Aguadores. Diese Gegenstände sind sehr merkwür=
dig, das Merkwürdigste sind aber sie selbst, diese ha=
gern Gestalten in ihrem primitiven Anzug. Ein Stück
umgeschlagenes Leder bildet das Beinkleid, ein Baum=
wolllappen, durch welchen sie den Kopf stecken, die Be=
deckung für Brust und Rücken; Arme und Beine sind
ganz frei; an den Füßen tragen sie Sandalen, auf dem
Kopf einen dichten Strohhut. Die Frauen sind nicht
wählerischer in ihrem Anzuge. Ein umgewundenes Stück
Baumwollzeug dient ihnen oft zum Rock, der Ober=
körper ist noch mangelhafter versehen und ihre reizen=
den, schwarzäugigen, intelligenten Kinder haben jedem
Kleiderluxus entsagt. So sitzen sie an den Straßen=
ecken, auf dem Pflaster, mit einer Papiercigarre im
Munde, kneten und backen Tortilla's oder binden auf die
geschmackvollste Weise die herrlichsten Blumensträuße;
auch Blumenkörbchen verfertigen sie, in welchen die
duftendsten Erdbeeren, welche das ganze Jahr hindurch
reifen, zum Kaufe einladen. Ich hatte alle Tage den
schönsten Strauß von weißen Rosen und Veilchen auf
meinem Tische. Neben ihren Blumen stehen große
Körbe voll fremdartiger Obstgattungen oder sind diese
in Pyramiden aufgestellt. Vor Allen ist es die Banane,
hier Platano genannt, welche eine Hauptnahrung der In=
dianer bildet. Sie wächst am besten in den heißen,
feuchten Küstenstrichen. Ein einziges Fruchtbüschel ent=
hält oft 160—180 Früchte und wiegt 60—80 Pfund.

Keine Pflanze ist müheloser und dankbarer zu cultiviren.
Die Schale ist gelb und hat schwarze Flecken, das Fleisch
hat die Farbe der Apricose und ist sehr mehlig und aromatisch. Daneben liegt die Königin der Tropenfrüchte,
die Ananas, die köstliche, kühle, frische, labende Frucht,
mit überfließendem Saft, dann der Zapote, der Mamey,
dann sind die Tunas, die Früchte der Cacteen, die
Granadillas, die Früchte der Passifloren, die Aguacates,
die weich und butterartig, mit Brod und Salz gegessen
werden, die Papayas, die Früchte des Melonenbaumes,
die Guayaven, welche eingekocht als „Dulce" verkauft
werden, die hochgerühmten Anonas, deren Inneres eine
Crême bildet, und viele andere; auch die kartoffelartigen
Gewächse, die Batate und die Challote, dann Tomaten
(Paradiesäpfel) und Erdpistacien.

Ueber den Ursprung und die Herkunft der mexicanischen Indianer herrscht selbst bei den Gelehrten und
Geschichtsforschern noch große Dunkelheit. Den Namen
„Indianer" erhielten die Bewohner des neuen Festlan-
des bekanntlich durch die bei der Entdeckung America's
herrschende irrige Meinung, Columbus habe an einer
zu Indien gehörenden Insel gelandet.

Die weitesten Nachforschungen reichen bis in das
achte Jahrhundert, wo die Tolteken in das Land wanderten, es bebauten und dort jegliche Cultur gründeten.
Später verließen sie es und breiteten sich über Central-
america aus. Ein Jahrhundert nach dem Verschwinden

der Tolteken wanderten aus dem fernen Nordwesten die
Chichimeken in das Thal von Anahuac: ein rohes, von den
Spaniern noch im Norden der mexicanischen Hochebene
vorgefundenes Jägervolk, dessen Ueberreste heute noch
Michoacan, Guadalaxara und San Luis Potosi bewohnen.
Ungefähr im zwölften Jahrhundert sollen die Nahuatlaken
in sieben Stämmen aus dem Norden nach dem Anahuac
gezogen sein. Einen derselben, die Acolhuer, beherrschte
zu Tezcuco der Dichterkönig Nezahuacoyatl: ein
anderer Stamm war jener der Azteken, welcher unter
Montezuma seine Herrschaft über das weite Anahuac
erstreckte und sich alle andern Stämme dienstbar machte.
Einem Orakel zufolge sollten die Azteken ihre Wanderung an jener Stelle beendigen, wo sie einen aus einem
Stein herausgewachsenen Cactus (Nopal) fänden, auf
welchem ein Adler säße. Dort gründeten sie die Stadt
Tenochtitlan, nach dem Kriegsgott Mexitli auch Mexico
genannt. Jene Fabel liegt dem Wappen von Mexico zu
Grunde, welches einen auf einem Nopal sitzenden, eine
Schlange im Schnabel haltenden Adler darstellt.

Alle diese Stämme hatten eine gemeinsame Sprache
das „Nahuatl", das auch jetzt unter dem Namen der
aztekischen Sprache von den meisten Indianern gesprochen wird. Reste von Urvölkern, mit eigenthümlichen
Sitten und Sprachen, sind übrigens über das ganze
Land verbreitet. Man zählte im Gebiete des ehemaligen Königreiches Neuspanien wenigstens vierzig ver-

schiedene Sprachen. Die „Mayas", ein großes Urvolk mit eigener Sprache, bewohnen Yucatan und einen Theil der Provinzen Las Chiapas und Tabasco. Die mexicanischen Indianer sind klein, hager aber kräftig gebaut und sehr musculös; ihre Hautfarbe ist sehr dunkel, ungefähr wie die unserer Zigeuner, doch gelblicher; die scharfen schwarzen Augen sind etwas schief geschnitten, die Backenknochen sind hervortretend, die Stirne ist sehr niedrig, die Haare sind glänzend schwarz und straff, der Bart ist stärker als bei den Indianern von Nordamerica. Bei einigen Stämmen tritt das lange Kinn sehr hervor, die Stirne stark zurück, die Lippen sind breit und der Kopf ist sehr groß; diese sind denn auch sehr häßlich, während die Mehrzahl der Indianer ausdrucksvolle Gesichtszüge hat.

Die Frauen, bei welchen Vernachlässigung und Unsauberkeit besonders unangenehm einwirken, sind häßlicher als die Männer, alle aber haben einen Ausdruck von Sanftmuth, Leiden und Ergebung.

Mr. Prescott, in seinem berühmten Werk über die Eroberung von Mexico, sagt von den Indianern: „Jene, welche die heutigen Mexicaner kennen, werden es schwer begreifen, daß dieselbe Nation fähig war die erleuchtete Organisation zu schaffen, die wir schilderten, doch müssen wir nicht vergessen, daß wir in den Mexicanern der heutigen Tage nur mehr eine besiegte Race sehen, welche von ihren Vorfahren eben so ver-

schieden ist, als es die modernen Egyptier von jenen
sind, die — ohne von den plumpen Pyramiden zu sprechen — doch die Tempel und Paläste bauten, deren
herrliche Ruinen in Luxor und Karnac die Ufer des
Nils bedecken. Der Unterschied zwischen den jetzigen
Mexicanern und ihren Ahnen ist weniger groß, als jener
der alten Griechen mit ihren degenerirten Abkömmlin-
gen, die zwischen den Meisterstücken der Kunst herum-
irren und kaum die Fähigkeit haben sie zu begreifen.
Und doch athmen sie dieselbe Luft ein, erfreuen sich derselben Sonne, betrachten dieselben Gegenden wie die
Griechen, die in Marathon fielen, oder in den olym-
pischen Spielen Triumphe feierten: dasselbe Blut fließt
in ihren Adern, aber Jahrhunderte der Tyrannei sind
über sie hinweggegangen, sie gehören einer bezwungenen
Race an."

„Der Indianer America's hat etwas Aengstliches
und Gesammeltes in seiner Natur: instinctiv zieht er sich
in sich selbst zurück vor der rauhen Berührung einer
fremden Hand, selbst wenn dieser äußere Einfluß sich
ihm unter der Form der Civilisation darstellt: er scheint
unter demselben zusammenzusinken und zu erlöschen.
Dieses hat sich auch an den Mexicanern erwiesen. Unter der Herrschaft der Spanier hat sich schweigend ihre
Zahl gelichtet, ihre Energie als Volk ward gebrochen;
sie betreten den Boden ihrer Berge nicht mehr mit der
stolzen Unabhängigkeit ihrer Vorfahren."

„In ihrem schwermüthigen Gang, in ihren sanften und melancholischen Zügen erkennt man den traurigen Stempel einer bezwungenen Nation. Die Sache der Menschlichkeit hat gewiß darunter gewonnen. Sie leben unter einer besseren Gesetzgebung, sie erfreuen sich einer größeren Sicherheit, eines reineren Glaubens. Doch alles dies ist umsonst. Ihre Civilisation trug den energischen Stempel der Einöden der neuen Welt. Die störrigen Tugenden der Azteken waren die Grundfeste ihres Wesens, sie widersetzten sich der europäischen Cultur und wollten sich nicht auf einen fremden Zweig pfropfen lassen."

Das jetzige Kaiserthum Mexico hat eine Größe von etwas mehr als 30.000 Quadratmeilen und eine approximative Bevölkerung von 8,000.000 Seelen; davon entfallen beiläufig fünf Millionen auf die Indianer, nur etwas über eine Million auf Weiße, das Uebrige größtentheils auf Mischlinge und ungefähr eine halbe Million entfällt auf Neger. — Doch ist in vielen Gegenden, z. B. in Yucatan, eine richtige Volkszählung ganz unmöglich. Viele leben in ihren Bergen unter Kaziken und sind kaum dem Namen nach Christen.

Unfern der großen Städte oder in denselben haben sie sich dem Dienste der Weißen gewidmet; auch in den Minen werden sie vielfältig benützt. Ihre Arbeitskraft,

namentlich ihre Tragfähigkeit ist ungeheuer. Oft be=
gegnet man sie, Bretter und Pfosten auf der Schul=
ter balancirend, unter deren Wucht man die zarten
Menschen erdrückt zu sehen fürchten muß. Und doch
tragen sie dieselben viele Meilen weit und gehen nicht,
sondern trippeln damit fort, beinahe ohne sich je Rast
zu gönnen. Botengänge machen sie in unglaublich kurzer
Zeit. Man behauptet, Montezuma habe täglich an
seiner Tafel Seefische gegessen, welche 24 Stunden
früher noch in dem vierzig deutsche Meilen von der
Hauptstadt entfernten Golf von Mexico schwammen.

Die Indianer sind viel intelligenter als die Neger
und es liegt ein edlerer Grundzug in ihrem Wesen.
In den letzten Decennien haben sich vorzügliche Männer
unter ihnen hervorgethan. Juarez, dem selbst seine
größten Feinde Intelligenz und Charakterstärke nicht ab=
sprechen können, ist gleichfalls Indianer reinen Blutes.

Die Abkömmlinge von Weißen und Indianerinnen,
die Mestizen, sind meistens wohlgebildete und glücklich
befähigte Menschen, sollen aber leidenschaftlicher und un=
verläßlicher sein als die Indianer. Uebrigens fließt in gar
vielen der sogenannten Weißen Mexico's indianisches
Blut, denn die Officiere von Cortez und viele, die auch
nach ihm sich in den Colonien niederließen, heiratheten
die Töchter der reichen und vornehmen aztekischen Häupt=
linge, ererbten mit ihnen Länder und Schätze und san=

den in den jungen Indianerinnen meistens treue und
liebevolle Gattinnen.

Sehr interessant ist es, die nahe an Mexico lie=
genden Indianerdörfer Sant Anita und Ixtacalco zu be=
suchen. Südlich von Mexico, wo der Canal von Chalco
sich in den geräumigen Hafen erweitert, in welchem
täglich des Morgens Hunderte von Indianern mit ihren
Waaren landen, zieht sich längs desselben der Paseo
de la Viga, eine Promenade der Stadt. Auf diesem
gelangt man zu jenen Dörfern, die blos von Indianern
bewohnt sind. Blumen künden ihre Nähe an; mag die
Hütte noch so klein, noch so ärmlich sein, der Duft
und die Farbe der schönsten Blüthen umgibt sie stets.

Es ist ein herrlicher Spaziergang; die Schneeberge
erheben sich gerade vor uns, als wären sie das Ziel
des Weges und sind durch die Klarheit der Luft un=
endlich nahe gerückt; rechts ziehen sich weithin Wiesen
und üppige Maisfelder, von wild wuchernden, roth blü=
henden Sträuchern umgeben. Auf flachen Kähnen führen
Indianer Früchte und Blumen, Mais und Heu nach
der Stadt. Frauen in grellrothen Röcken, mit Kin
dern und Hunden, liegen malerisch neben der üppigen
Ladung; eine Decke an zwei Stöcke befestigt, gibt Schutz
vor den glühenden Sonnenstrahlen. Links aber erstrecken
sich weithin die berühmten Chinampa's, die schwimmen=
den Gärten der Indianer. Ursprünglich war der Spiegel
des Sees von Chalco hell und klar und die Wellen

trieben ungehindert ihr Spiel, die Indianer aber be=
deckten ihn mit Flößen und Strohmatten, auf welche
sie Erde legten und die sie dann mit Gemüse und Blu=
men bepflanzten. Nun haben diese zwar festen Fuß ge=
faßt und werden nicht mehr von den Wellen getrieben,
bilden aber noch kleine von Rosenhecken umgebene In=
seln, auf welchen das schönste Gemüse prangt.

In seinem Kahn stehend, rudert der Indianer von
einer zur anderen, und erhöht durch seine eigenthüm=
liche Erscheinung den Reiz des Bildes. Diese Chi=
nampas versehen die ganze Stadt mit Gemüse und Obst.
Als wir nach Sant Anita und Ixtacalco kamen und
von den Kindern erblickt wurden, verschwanden sie eiligst,
um bald wieder mit großen Blumensträußen zu erschei=
nen, die sie uns anboten. Unsere kleine Gegengabe nah=
men sie mit großer Freude an und so oft wir unseren
Besuch wiederholten, immer fand dieser Austausch zur
gegenseitigen Zufriedenheit statt.

Die Indianer sind eifrige Katholiken, wenn auch
in vieler Beziehung der Aberglaube ihrer Väter sich
eng mit dem neuen Glauben verwachsen hat. Die
Geistlichkeit, welche einen großen Einfluß auf sie ausübt,
erhält sie absichtlich in der größten Ignoranz. Uebri=
gens war der Clerus Mexico's immer der eifrige Be=
schützer der unterdrückten und schwer heimgesuchten in=
dianischen Race! Die große Königin Isabella II.,
stets das wärmste Interesse für ihre neuen besiegten,

von den Conquistadores arg mißbrauchten Unterthanen
empfindend, war noch auf dem Todtenbette ängstlich für
sie besorgt und empfahl dieselben der Milde ihrer Nach=
folger.

Die Geistlichen waren größentheils die getreuen
Vollstrecker dieses letzten Willens. So viel sie konnten,
traten sie der Habsucht, der Unbarmherzigkeit der Colo=
nisten entgegen, ihre Stimme ertönte oft mit energischer
Anklage am Throne der Könige von Spanien. Bar=
thélémy Las Casas war unermüdlich in Wort und
Schrift, die Leiden der Indianer zu schildern, um Mensch=
lichkeit und Gerechtigkeit für sie wach zu rufen. Zu Ende
des vorigen Jahrhunderts war es der Bischof von Mi=
choacan, Antonio de San Miguel, der in einer
Denkschrift an Carl III. die Mängel der politischen
Institutionen brandmarkte, welche die Indianer der här=
testen Behandlung der Weißen preisgab. Abänderungen
wurden getroffen, die ihr Loos erleichterten, aber gegen
Gewissenlosigkeit und Habsucht schlauer Menschen, welche
die Gewalt in Händen haben, fehlt der wirkliche Schutz
in einem Lande, wo nur die Willkür herrscht und keine
Oeffentlichkeit strenges Gericht über den Einzelnen hält.

Siebentes Kapitel.

Das kaiserliche Lustschloß Chapultepec. Tacubaya. Die Familien Escaudou und Barron. Señor Mora. Mericanische Gastfreundschaft. Die Franzosen in Merico. Das Pedrigal. Die ersten Regierungsmaßregeln. Die Mericaner als Staatsmänner. Vorbereitungen zur Abreise des Kaisers. Die Kaiserin.

Einer unserer ersten Ausflüge galt dem, einst für die Vicekönige erbauten und als Festung dienenden Schloße Chapultepec, das an und für sich von häßlicher Bauart, nebstdem aber in einem Zustande der Vernachlässigung sich befand, welcher des Kaisers Entschluß, es acht Tage nach seiner Ankunft zu beziehen, unausführbar erscheinen ließ. Freilich wollte er nur einen Pavillon bewohnen, aber auch hier war alles in Schutt und Trümmern und jede Anstrengung des europäischen Architekten, die mexicanischen Arbeiter zur Eile zu bewegen, schien erfolglos. Der Kaiser aber hielt sein Wort; nach Ablauf der acht Tage bezog er mit der Kaiserin und seiner Dienerschaft den kleinen Pavillon, trotz der dort herrschenden grenzenlosen Verwirrung. Was unmöglich schien, mußte möglich werden.

Ueber die erste Nacht, welche die Majestäten dort zubrachten, ward manches erzählt: man behauptete, sie hätten sich ihre Betten auf die Terrasse tragen lassen, um weniger von Staub und Ungeziefer zu leiden; Thatsache ist es, daß mich die wackere Kammerfrau der Kaiserin um einen Theil meines Vorraths an Insectenpulver bat. Auch später, als die Wohnung des Kaiserpaares als vollendet erklärt wurde und wir der Einladung, sie zu besichtigen, Folge leisteten, war diese von einer Anspruchslosigkeit und Einfachheit, welche mit dem Rufe von Prachtliebe und Verschwendung gar sehr contrastirten, den der erzherzogliche Hof in Mailand erworben hatte. Und doch fehlte es wahrlich nicht an Pracht und Glanz! Ein Blick zum Fenster und der Wunsch nach dem Genusse des Schönen und Großartigen ist im vollsten Maße befriedigt.

An einem der Aquädukte entlang führt die Straße nach Chapultepec, das man zu Wagen in einer halben Stunde erreicht: beim Eingang des Parkes mußten wir den Wagen verlassen, da der zum Schlosse führende Weg so steil war, daß unsere schwachen Pferde uns nicht hinaufziehen konnten.

Park!! Wie zahm klingt dieses Wort und wie wenig gibt es eine Vorstellung von dem, was wir staunend bewunderten. Es ist der Ueberrest eines großen Urwaldes, der die Grabstätte der Inca's umgab. Diese Bäume standen wohl schon zu einer Zeit, von welcher

in diesem Welttheil kein Geschichtsforscher etwas weiß.
Nach der Größe, dem Umfange der Bäume und der
Zeit zu schließen, die sie zum Wachsthume brauchen, ist
ihr Alter nach Jahrtausenden zu rechnen. Sie gehören
zur Gattung der Cypressen, werden hier Ahuehuetes
genannt und haben mit jenen nur die Form der Na=
deln gemein, erheben sich nicht pyramidenartig, sondern
ihre Aeste senken sich tief zum Boden herab. Viele
von ihnen können kaum von fünf bis acht Menschen
umspannt werden; ihr Umfang beträgt bis zu vierzig
Fuß und ihre Höhe, für deren Angabe ich keinen Maßstab
habe, ist im Verhältniß ebenso staunenswerth. Der
Stamm scheint wie aus Millionen von Stricken gewunden,
die Verzweigung der Aeste beginnt sehr hoch und ist
sehr vielfältig, die Wurzeln stehen weit heraus und bilden
die sonderbarsten Schlangenwindungen. Dieser Baum
muß in seiner Jugend sehr biegsam sein, es ist, als ob
jeder Luftzug ihn zu neuer Krümmung gezwungen hätte.
Riesenhaft groß erhebt er sich und ist von oben bis
unten mit Parasitpflanzen bedeckt, die reichlicher als
die Nadeln, leicht gekräuselt in grauen Locken von den
Zweigen tief herabhängen und dem ganzen Wald ein
eigenthümliches Ansehen, beinahe das einer Tropfstein=
höhle geben. Die Bäume stehen ziemlich weit aus
einander, der Boden ist etwas sumpfig, daher unendlich
grün. Einzelne leichte, hellgrün belaubte Perubäume, mit
rosenfarbigen Fruchttrauben und gelben, dem Goldregen

(Cytisus) ähnlichen Blüten, unterbrechen anmuthig den
Ernst des Cypressenwaldes. Große Schmetterlinge hängen
in Masse an den Blüten, schön gefärbte Vögel beleben
den Wald durch Flug und Gesang, auch der Colibri
ist hier ein häufiger Gast und wo er sich zeigt, wird
er stets freudig begrüßt.

Dieser Park umgibt in ziemlich großer Ausdeh=
nung den vom kaiserlichen Schloß gekrönten Hügel, der
sich schattenlos erhebt; die Sonne wirkt glühend heiß
und macht den kurzen Weg recht beschwerlich. Schon
während unserer Anwesenheit wurden Felsen gesprengt,
Abgrabungen vorgenommen, um eine Straße durch den
größten Theil des Parkes in langsamer Steigerung zum
Schloß hinauf zu führen.

Das Hauptgebäude ist lang und schmal, von un
schöner Form und unbequemer Eintheilung: Festungs
mauern umgeben es; über eine kleine Stiege, die
durch dieselben führt und die so nieder ist, daß kein
Europäer von mittlerer Größe ungebückt auf derselben
gehen kann, gelangt man auf ein höheres Plateau, dem
bereits einige Pflege zugewendet war; ein kleiner Blu
mengarten war dort entstanden. Hier am äußersten
Vorsprung des Felsens, steht der Pavillon, welchen das
Kaiserpaar bewohnt. Eine Stufe aus dem Garten hinab
führt unmittelbar in das, auch als Speisezimmer be
nützte Empfangszimmer der Majestäten, welches zu
gleich, außer den Schlafgemächern, der einzige, die

Wohnung des Kaiserpaares bildende geschlossene Raum
war. Die schmale Stiege in den Fortificationen führte
tiefer hinab zu den unter der kaiserlichen Wohnung liegenden, der Kammerfrau und dem Kammerdiener zu-
gewiesenen Zimmern; doch mußten diese stets durch den
kleinen Garten gehen, um zu den Majestäten zu gelangen, was bei der eben einbrechenden Regenzeit nicht
zu den Bequemlichkeiten gehörte. Da das Terrain des
Gartens höher als die Lage der Zimmer ist, so strömte
der Regen unaufhaltsam durch die Glas- und schwachen
Bretterthüren in dieselben: ebenso strich die Luft durch
alle Räume, da die Wand, welche der Gartenthüre gegenüber liegt, eigentlich blos aus drei Glasthüren besteht, die auf eine aus großen Steinen erbaute, von
Säulen getragene Terrasse führen.

Von hier aus genießt man eine Aussicht, die schon
Humboldt mit begeisterten Worten schilderte und die
ich ihm am liebsten nachschreiben würde, da Keiner wie
er es verstand, mit wenigen Worten zu beschreiben, was
groß und mächtig in der Natur auf uns einwirkt, und
doch wie kein anderer Genuß, Frieden in unser Herz
senkt, eine tief innerste Versöhnung mit dem Schicksal
herbeiführt und den Muth zum Weiterleben in uns
erweckt. Auch der Kaiser empfand diesen Einfluß; er
sprach es aus, daß in den schweren Momenten, deren es
schon in der ersten Zeit wahrlich nicht wenige mag gegeben haben, nichts ihn so stärkte und ermuthigte, als

die wunderbare Harmonie des Bildes, das man mit
einem Blick übersieht und welches eine seltene eben so
sehr erhebende und stärkende, als mild und weich stim=
mende Vereinigung von Lieblichkeit und Großartigkeit
darbietet.

Seit Humboldt hier gestanden, ist aber leider
mehr denn ein halbes Jahrhundert blutiger, zerstören=
der Kriege über dieses Land gegangen, auch haben sich
die Seen immer mehr zurückgezogen, immer mehr ver=
sumpft, und so enthält seine Schilderung, welche den
Eindruck mit so großer Wahrheit wiedergibt, doch in
den Einzelheiten bereits einige Abweichungen von der
jetzigen Gestalt. Meine Beschreibung aber kann nur
eine Wiederholung dessen scheinen, was ich schon früher
über das Thal von Mexico erzählte; denn auch von hier
übersieht man es in seiner ganzen Länge und Breite,
mit der herrlichen Umzäunung von Bergen, die wieder
von den Vulcanen beherrscht werden, mit den weithin
sich erstreckenden, von rothblühenden Sträuchern umge=
benen Feldern von Magueyen und Mais, den üppigen
Wiesen mit weidendem Vieh, den großen Alleen, den
zwei mit ihren weiten Bögen das Land von zwei Sei=
ten durchschneidenden Aquäducten; auch von hier er=
blickt man die ganze Stadt Mexico und unterscheidet bei
der großen Klarheit der Luft jedes Haus, jedes Fenster;
Tacubaya, San Angel, San Agostino de las Cuevas
mit ihren Villen und Gärten ziehen sich auch hier allmälig

über die Hügel, die Seen glänzen in der Ferne und
gegen Norden; an die Gebirge von Tepeyacac gelehnt
liegt der berühmte Wallfahrtsort mit dem Kloster von
„Nuestra Señora de Guadalupe".

Aber Glanz, Färbung, Duft, jene Helle, welche dem
Ganzen den größten Reiz verleiht und alles so lichtum=
flossen erscheinen läßt, jener Himmel, der in endloser
Höhe sich über alles dies wölbt, kurz, der Zauber, welcher
an dem Süden haftet und der jedes Menschen Brust
mit bisher ungeahnten Empfindungen erfüllt, ich möchte
sagen, der den Fuß von der Scholle hebt und uns mit=
nimmt in Regionen, in welchen wir für kurze Augen=
blicke schweben, erhaben über das gewöhnliche Jammer=
thal dieser Erde, alles dies kann nur gesehen und nur
empfunden werden! Und auch all' dem gegenüber gibt
es Menschen, die schauen und nichts sehen, die den
Kopf auf dem Hals und den Lebenspendel in der Brust
tragen und doch unberührt bleiben von solchen Eindrücken.
Bei meiner nächsten Umgebung war dies wahrlich nicht
der Fall, meine Gefährtin namentlich war wenn möglich
noch enthusiastischer als ich; Freude und Interesse an
Allem, was uns das herrliche Land bot, ward fortwäh=
rend erhöht und der Wunsch immer lebendiger, daß end=
lich die Segnungen des Friedens in reichem Maße
herabströmen mögen über Gefilde, welche die Natur zum
Paradies bestimmt hat und die nur Verbrechen und

Reise nach Merico.　　　　　　　　　　11

Unfähigkeit zum Schauplatz blutiger Thaten und roher
Zerstörung herabwürdigen konnten.

Trotz der mehr als bürgerlichen Einfachheit und
der großen Unbequemlichkeit dieser kaiserlichen Behausung
gehört Chapultepec doch gewiß zu den schönsten Orten
der Welt, und wenn dem jungen Kaiserstaat Entwicklung, Kräftigung und langes Leben vergönnt ist, so werden Kunstsinn und Geschmack, ordnend, schaffend und
schmückend, sich den Herrlichkeiten der Natur würdig
anreihen.

Señor Mora, der liebenswürdigste Mexicaner,
den ich kennen gelernt habe, welcher im diplomatischen
Dienste seines Vaterlandes ergraut, einen Theil seines
Lebens in Europa zugebracht hat, ohne die schöne Gewohnheit mexicanischer Gastfreundschaft einzubüßen, war
Führer und Gefährte bei unseren Ausflügen, erleichterte
uns Alles und war uns überall mit Rath und That
bei der Hand.

Und so geleitete er uns auch nach Tacubaya, wo-
hin eine Pferdeeisenbahn in zwanzig Minuten führt.
Hier haben die reichen Mexicaner ihre Villa's, ihre
Gärten, hier brachten sie in früheren Jahren nach der
Regenzeit einige Monate zu. Jetzt war die Umgebung
Mexico's seit lange schon zu unsicher, kaum wagte man
es je sich über Nacht aus der Stadt zu entfernen, da-
her waren die meisten jener Landhäuser vernachlässigt

und der sonst überaus freundliche Ort trug das stets traurige Gepräge der Verödung.

Zu den schönsten Villen in Tacubaya gehören die der nahverwandten Familien Barron und Escandon, deren Gärten aneinander grenzen. Wir hatten die Familie Escandon um die Erlaubniß bitten lassen, ihre Besitzung anzusehen, und fanden sie dort zu unserem Empfang versammelt. Mit der wohlwollendsten Freundlichkeit wurden wir begrüßt und zuerst in die Villa Barron geführt, deren Besitzer, Mr. Barron, in Mexico gewöhnlich Don Eustaccio genannt, erst später von unserer Anwesenheit unterrichtet, von Mexico herüberkam. Die Barron's sind englischer Abkunft; schon Don Eustaccio's Vater war bereits als reicher Banquier in Mexico etablirt und mit einer Spanierin verheiratet.

Don Eustaccio nun, der Chef des Banquierhauses Forbes & Comp., war ein Junggeselle von circa 38 Jahren und der Besitzer eines kleinen Vermögens von etwa 30 Millionen Piasters. Von einer in Mexico ganz ungewöhnlichen Größe und einem sehr gewichtigen Umfang, war er dabei der anspruchsloseste, gutmüthigste Mensch der Welt, nur beschäftigt, Andern mit seinem Gelde Freude und Dienste zu erweisen, dabei sehr thätig, sehr industriös und von der gewissenhaftesten Probität. Besitzer eines beträchtlichen Theils der Actien der „English Mining Company" von

Pachuca, ist er Miteigenthümer von Goldgruben in Californien, hat große Handelsverbindungen in San Francisco und selbst die Dampfschifffahrt auf dem Amur wurde von ihm gegründet. Da seine Geschäfte auch in Europa sehr verbreitet sind, so erstreckt sich Barron's Thätigkeit auf drei Erdtheile und, wie es seine Prosperität beweist, mit vielem Glück. Barron's Villa ist auf englische Art, äußerst bequem und luxuriös gebaut; der Garten, eine noch junge Anlage, erhebt sich terrassenförmig zu beträchtlicher Höhe und bietet überall die herrlichsten Aussichten gegen Chapultepec, die Schneeberge, das weite Thal und gegen die Stadt. Springbrunnen und Teiche sind mit großem Aufwand in dieser wasserarmen Gegend angebracht und die eben eingetretene Blumenzeit schmückte Bäume, Sträucher und Wiesen. Dennoch fand ich auch hier die Blumenzucht weit zurück gegen Alles, was man darin in Europa leistet. Die Kunstgärtnerei ist in Mexico gar wenig in Aufschwung und doch sollte man glauben, daß dieses Land sich besonders dazu eignen sollte, aber französische und englische Gärtner, die in ihrem Land so Schönes leisten, scheinen ihr Wissen und ihre Anstrengung nicht auf den Boden und das Klima Mexico's anpassen zu können. Hier ist das Degeneriren der Pflanzen weit schneller als bei uns; vielen ist vielleicht auch der rasche Wechsel von Tageshitze und Nachtkühle zu empfindlich. Der Garten Barron's enthält besonders herrliche Exem-

plare von amerikanischen Cedern, die in Form und
Farbe weit schöner und zierlicher sind als die Cedern
des Libanon.

Der Garten der Villa Escandon ist viel weniger
gepflegt als der frühere, doch schöner in seiner Anlage,
älter und schattenreicher. Der Eintritt in denselben ist
überraschend. Die besten Bewässerungsanstalten bewah=
ren den Wiesen das sammtartige Grün, die schönsten
Bäume erheben sich in prächtig geordneten Gruppen,
Orangen= und andere blühende Bäume senden ihren
Duft, Ranken überwuchern die steinernen Treppenge=
länder und schlingen sich zu den Terrassen hinauf;
größer und klarer sind die Wassermassen und ein herr=
licher Wald von Weymutskiefern bietet den dichtesten
Schatten, in welchem das ganze Jahr die duftigsten
Veilchen blühen. Einzelnstehende Cypressen erheben sich
hoch in die Lüfte, unbemerkt schlingt sich die Bignonia
radicans an dem Stamm hinauf bis zum Gipfel und
schüttet dort Massen hellrother Blüthen über das dunkle
Grün der Cypressen herab. Auch von hier gibt es
überall Fernsichten auf das Thal, das sich als Garten
all' den Gärten anschließt und immer wieder von den
schönen Bergen begrenzt wird.

Auf einer Anhöhe erhebt sich die Villa. Sie ist
in italienischem Styl erbaut. In der Mitte des Hau=
ses ist ein Saal angebracht, welcher die Höhe des gan=
zen Baues einnimmt; eine Kuppel von Glas dient als

Decke und verbreitet das angenehmste Oberlicht. Stuck
bedeckt die Wände; eine Marmorstiege führt zu Galerien hinauf, welche, von Säulen getragen, in halber
Höhe den Saal umgeben. Auf diese Galerien münden
die Thüren des ersten Stockes, die zu den Schlafzim-
mern der Familie führen. Der Saal selbst dient zum
Gesellschaftszimmer und dieses ist wieder von verschiedenen, mit Ausgängen in den Garten und auf Terrassen
versehenen Salons, Musikzimmer und Speisesaal umgeben. Die Einrichtung ist sehr kostbar, theilweise sehr
schön, im Ganzen etwas überladen. Reich geschnitzte und
vergoldete Tische mit Platten von Marmor oder piedra
dura, die schönsten venetianischen Spiegel, Möbel von
Palissander mit Bronzeverzierungen, große Gruppen
von sächsischem Porzellan, kurz Kostbarkeiten aus aller
Herren Länder überfüllen die Zimmer. Jedes Stück
in denselben wurde aus Europa, namentlich aus England herbeigeführt. Auch Bilder, einige schöne alte
Spanier und Copien aus den Galerien von Dresden
und Paris, hängen an den Wänden. Schließlich erwartete uns ein reich besetzter Frühstückstisch.

Alles dies wurde durch eine Liebenswürdigkeit ge-
würzt, die eben so fern ist von steifer norddeutscher
Förmlichkeit als von französischem Phrasenthum. Señor
Vincente Escandon, seine Frau Lupita (Guadalupe)
sein Bruder Don Pedro, seine Schwester Carlota,
das ihnen nahe verwandte Ehepaar Elguiero und

einige Freunde des Hauses wetteiferten an Herzlichkeit,
die in diesem fernen, fremden Land doppelt wohlthätig
war. An diesem Tage, sowie an vielen folgenden, verbrachten wir in Tacubaya wie in Mexico die angenehmsten,
heitersten Stunden in ihrem Kreise. Als wir einige Zeit
nachher ein den Escandon's gehöriges, von der Stadt
gemiethetes und von ihrer eigenen Wohnung nur wenige
Schritte entferntes Haus bezogen, verging beinahe kein
Tag, wo ich nicht zu ihnen eilte und mich an dem mir
gebotenen Willkommgruß, an den hübschen, das Haus
belebenden Kindern, an der herzlichen Theilnahme, kurz
an einer Atmosphäre von Wohlwollen und Freundschaft
erfreute, in welcher ich mich heimisch und behaglich fühlte.

Mit inniger Dankbarkeit gedenke ich jener Familie
und wenn mein Interesse für Mexico sich auch über das
ganze Land erstreckt, so habe ich doch stets besondere
Wünsche für das Wohlergehen von Menschen, welche der
Fremden so viel Liebes und Gutes erwiesen haben, als
es nur in ihrer Macht lag. Lola Elguiero erfreute
uns oft durch ihr hübsches Musiktalent, besonders waren
es die äußerst charakteristischen Weisen des Habanera,
des mexicanischen Nationaltanzes, die sie auf dem Clavier mit großer Virtuosität wiedergab und die wir an-
zuhören nie müde wurden; dann wurde Bolichi gespielt,
auf dem Wasser gefahren, kurz die Stunden in Tacubaya
vergingen stets äußerst angenehm und schnell und ge-

wöhnlich rief uns die Gastfreundschaft der Familie am
Sonntag dorthin.

Außer den Familien Barron und Escandon
besitzt noch der Erzbischof von Mexico, Labastida,
eine große Villa in Tacubaya; den größten Garten aber
besaß der reichste Mann Mexico's, Señor Besteguay,
doch war sein Haus stets für Jedermann geschlossen;
er erfreute sich des Rufes des herzlosesten Geizhalses,
der seine Kinder von jedem Lebensgenusse ferne hielt.
Vor wenigen Monaten starb er und hinterließ seinen
bereits ergrauten Töchtern ein unermeßliches Vermögen.

Festlichkeiten zu Ehren der Ankunft der Majestäten
wurden veranstaltet; ein théâtre paré sollte den Rei-
gen derselben beginnen; die Stunde war um acht Uhr
angegeben, doch weiß kein Mexicaner etwas von Pünkt-
lichkeit! Das Kaiserpaar aber, welches die scrupu-
löseste Genauigkeit vom Wiener Hofe mit über das
Meer genommen hatte, erschien Schlag acht Uhr in dem
beinahe ganz leeren Theater! Der Eindruck für uns
war ein komischer. Das Kaiserpaar nahm es sehr gleich-
giltig auf, die Mexicaner aber waren sehr erschrocken
und wir gaben ihnen für die Unschicklichkeit ihres Benehmens keinen Trost. Aengstlich vermieden sie bei späterer Gelegenheit solche Unziemlichkeit.

Es wurde die Jüdin von Halevy, lang, langweilig
und schlecht gegeben; die Kaiserin kämpfte mit dem
Schlaf, der Kaiser unterlag ihm. Beide waren gewohnt

die zehnte Stunde nicht mehr schlagen zu hören, hingegen mit der Sonne wach zu sein und das Tagwerk zu beginnen.

Später wurde in den Räumen des teatro principal ein Ball gegeben, zu welchem sich der sehr hübsche Saal prächtig eignet und der in seiner Ausschmückung nichts zu wünschen übrig ließ. Uns war es äußerst interessant, einen großen Theil der bemittelten Bevölkerung hier versammelt zu sehen und mit besonderer Freude schauten wir dem Tanzen der Habanera zu, die in ihren schwermüthigen ruhigen Weisen sich dem Charakter der Mexicaner sehr gut anpaßt und oft stundenlang ohne Ermüdung, ohne Anstrengung, aber auch ohne Unterbrechung fortgetanzt wird. Die Musik verfolgt dabei einen eigenen Rhythmus und bewegt sich in allen Molltonarten.

Auch General Bazaine veranstaltete ein großes Ballfest, wozu er den Hofraum seines Hauses als Saal herrichten ließ, was mit den Säulengängen und Galerien einen besonders schönen Effect machte. Alles war mit Blumen, Reisig, Fahnen und anderen Trophäen geschmückt. Da nur ein Zelt von Leinwand die Decke bildete, so blieb die Atmosphäre sehr kühl. Der hübsche Garten bot Gelegenheit zu den schönsten Illuminationen und zu Feuerwerken, worin man es in Mexico zu großer Virtuosität gebracht hat. Die Stimmung war aber keine fröhliche. Die Einladungskarten waren in

wenig verbindlicher Weise abgefaßt, eine Toilettenvor=
schrift war beigelegt, der Satz hinzugefügt, daß man
nur durch das Vorzeigen der Karten Einlaß fände und
daß Keiner, der nach neun Uhr erschiene, mehr empfan=
gen würde. Nebstbei hatten die Adjutanten auch bei
den Einladungen frei geschaltet, die wichtigsten Persön=
lichkeiten waren weggelassen, die Frauen ohne Männer,
die Töchter ohne Brüder geladen worden. Viele erschienen
gar nicht, viele nur aus Rücksicht für das Kaiserpaar.
Die Empörung war allgemein. Der jetzige Marschall
Bazaine befliß sich überhaupt einer Anmaßung und
einer Ungezogenheit, die ihres Gleichen suchen müssen,
und leider folgten viele seiner Officiere diesem Bei=
spiele. Als sich der Hof zurückgezogen hatte, verlief sich
auch der größte Theil der Geladenen und wir hörten
später, daß die übriggebliebene französische Gesellschaft
den Ball mit einem Cancan beschlossen hatte.

Ueber die Art und Weise, wie die französischen
Officiere sich den Mexicanern gegenüber benahmen, habe
ich schon früher berichtet. Mit der wegwerfendsten Ver=
achtung sprachen sie von Land und Leuten, waren ganz
ohne Sinn für die Schönheiten des Landes, ohne In=
teresse und ohne Verständniß. Daß wir Vieles mit so
großem Entzücken bewunderten, gerne die uns erwiesene
Freundlichkeit erwiederten, uns nicht berufen fühlten,
die mexicanischen Fehler mit europäischer Anmaßung zu
brandmarken, fanden sie unbegreiflich.

Das Verhältniß des Kaisers, den Franzosen gegenüber, hatte viele Schwierigkeiten, viele und große Unannehmlichkeiten; es war ein unklares und schiefes, und
nur wenige von den französischen Civil- und Militär-
persönlichkeiten, welche die finanziellen, diplomatischen
und militärischen Angelegenheiten leiteten, hatten den
Tact und das Zartgefühl, dem Kaiser die Abhängig-
keit von der französischen Hülfe zu erleichtern. Dieser
Umstand mag wohl bitterer gewesen sein als all' die
anderen Schwierigkeiten, die sich ihm darboten.

Die Franzosen hatten in der letzten Zeit durch
strenge Maßregeln, durch energische Vorkehrungen den
Straßenraub wenigstens aus der Nähe der Hauptstadt
gebannt und man konnte die nächsten Orte besuchen,
ohne jeden Augenblick eines Ueberfalles gewärtig zu
sein. Daß Pulver und Blei, daß auch der Strick dabei
eine große Rolle gespielt hatten, war unausbleiblich und
unter diesen Verhältnissen eine traurige Nothwendigkeit.

Als nun Maximilian I. die Zügel der Regierung ergriff, schien es ihm unmöglich, sogleich auch das
Schwert in die Hände zu nehmen; harte Maßregeln
sollten vermieden werden; er hoffte durch Organisation
von verantwortlichen Landmilizen, durch die Beschäftigung müßiger Hände, durch die Versöhnung der Parteien auch diesem Uebel zu steuern. Dieser Erwartung
ward nicht entsprochen; die Räuber- und Guerillabanden wurden immer kühner, immer zuversichtlicher, die

Landstraßen immer unsicherer; bald wurden in der näch=
sten Nähe der Hauptstadt frecher Einbruch und Raub=
mord verübt, bald umschwärmten größere Banden die
Umgebung; die Spazierritte der Kaiserin mußten sehr
eingeschränkt werden und französische Truppen stets vor=
her die Wege säubern, was der hohen Frau, die sich
gern in der Illusion idyllischer Verhältnisse gewiegt
hätte und in gänzlicher Furchtlosigkeit sich am Besten
durch die Liebe des Volkes beschützt wähnte, großen
Kummer verursachte. Die Gerüchte aber von einem
Attentat auf ihre Person gehören in das Bereich der
Fabel, trotz der großen Verbreitung, die sie sowohl in
Mexico als auch in Europa fanden.

Auch unsere Ausflüge wurden durch die zuneh=
mende Unsicherheit und durch die nun ernstlich einge=
tretene Regenzeit immer schwieriger; die schönsten Pläne
wurden entworfen: Cuernavaca, mit allen Tropenherr=
lichkeiten und den berühmten Grotten, die Thäler am
Fuß der Schneeberge, viele andere Merkwürdigkeiten
sollten besucht werden; aber sowohl die Fluthen, die
alle Nachmittage die Erde überschwemmten, als auch
die Guerillabanden, welche das Land durchstreiften,
hemmten uns in allen unseren Unternehmungen. Die
stets klaren, sonnigen Vormittage wurden nur zu klei=
neren Ausflügen benützt. Das Kloster „los Remedios",
welches auf beträchtlicher Höhe erbaut ist und eine ausge=
breitete Fernsicht bietet, wurde besucht, ebenso der be=

rühmte Wallfahrtsort „Nuestra Señora de Guadalupe", welcher mit der Hauptstadt durch eine Dampfeisenbahn verbunden ist.

Inmitten einer Gasse in Mexico besteigt man den Waggon, kein Geländer, kein Damm trennt von dem Raum, in welchem sich Wagen, Menschen und Thiere bewegen, Niemand wacht über die Sicherheit der Bahn oder der Stadtbewohner, und es ist staunenswerth, daß nicht täglich die größten Unglücksfälle zu beklagen sind.

In einer halben Stunde erreicht man Guadalupe, das am Abhang eines kahlen, unschönen Berges, in ziemlich öder Gegend liegt. Das Kloster ist sehr groß, die reich ausgestattete Stiftskirche enthält ein Bild der heiligen Jungfrau, als Schutzpatronin des Landes, welches im Rufe großer Wunderthätigkeit steht. Eine um dasselbe angebrachte Inschrift enthält die Worte: Non fecit taliter omni nationi.

Eine hübsche kleine Capelle mit schön gewölbter und massivisch gedeckter Kuppel ist in einiger Entfernung von dem Kloster erbaut und umschließt eine Quelle, der ebenfalls die wunderthätigste Kraft zugeschrieben wird; sie scheint sehr eisenhaltig zu sein und diesem Umstand verdankt sie wohl den Ruhm, durch den Gebrauch ihres Wassers, mancher Frau die ersehnte Mutterfreude verschafft zu haben. Gleicher Wirkung rühmen sich die sehr heißen Quellen in dem „Peñon de los baños", am Fuß eines isolirten Felsenkegels östlich von Mexico.

Wir besuchten dieses Bad, das äußerst primitiv und in seiner Einrichtung wenig einladend ist.

Sehr interessant war der Besuch des Pedrigal, den wir in Gesellschaft einer größeren Anzahl französischer Damen und Officiere in einem sechsspännigen Omnibus unternahmen. Der Weg führte zuerst nach San Angel, wo große Obstgärten die kleinen ebenerdigen Landhäuser umgeben. Die Straße ist sehr gut erhalten und gewährt überall die schönste Aussicht. Die malerischsten Punkte bieten sich dem Auge dar, die warme Tinte, die Staffage von Indianern oder mexicanischen Reitern, Alles vereinigt sich oft zum schönsten Bild und erweckte tausend Mal in mir das Bedauern, weder Pinsel noch Bleistift führen zu können.

Von San Angel aus gelangten wir in einen kleinen Wald von Rosen und anderen blühenden Sträuchern, wo wir uns lagerten und ein Frühstück einnahmen, dann ging es nach dem Pedrigal, ein weites, von hohen Bergen eingeschlossenes Lavafeld. Die Lava erhebt sich acht bis zehn Schuh hoch, bildet die merkwürdigsten Formationen, tiefe Klüfte und Schluchten, die beinahe ganz kahl sind; nur grellrothe Blumen stehen in den Spalten. Es war eben Mittag, die Sonne brannte furchtbar und warf ihre Strahlen noch glühender zurück von den nackten Felsen. Trostlos öde ist diese Gegend und doch imponirend im Gedanken an die Kraft, welche in der Natur liegt und bald Segen und Reichthum über die Erde streut, bald

rücksichtsloses Verwüstung und Erstarrung über blühende
Gegenden, Tod und Verderben und gänzliche Vergessen
heit über Tausende von Menschen bringt.

Das Verhältniß der Natur, der Scholle zum Men
schen erscheint dort überhaupt ein ganz anderes, als man
es in dem übervölkerten Europa gewöhnt ist. Hier hat
sich der Mensch jede Handbreit Erde dienstbar gemacht,
im Schweiße seines Angesichtes bebaut er den kargen
Boden, zwingt ihn Pflanzen zu nähren, die ihm nützlich
sind, wehrt jedem Grashalm zu grünen, wo es ihm
nicht genehm ist, harrt ängstlich auf Regen und Son=
nenschein, die seine Mühe fördern sollen, und hat an
der Wandelbarkeit des Klima's den größten Feind. Das
Wachsthum auf der Wiese und im Walde ist ebenfalls
nur nach seinem Bedürfniß berechnet, Alles grünt,
blüht, wächst und reift nur zu des Menschen Dienst,
zu seiner Nahrung, Kleidung, für seinen Schutz, seine
Erwärmung. Und doch wie oft genügt dies nicht! Wie
viele Menschen gibt es, die hungern, frieren, kein Dach
haben und keine genügende Kleidung. Die Erde ist in
Europa arm im Vergleich zu den Bedürfnissen ihrer
Bewohner.

Wie ganz anders sind die Verhältnisse jenseits des
Oceans, in jenem großen Festlande, wo Feuchtigkeit und
Wärme die Productivität des Erdbodens so sehr unter=
stützen und wo die Bevölkerung so spärlich ist, daß
beinahe all der Reichthum unbenützt bleibt! Frei und

unabhängig ist die Erde, sich zur Lust spendet die Natur
ihre Gaben, schmückt sich, und trägt Blüten und Früchte.
An den wenigen Orten, wo der Mensch dem Erdboden
Samen anvertraut, da gibt sie ihm die Aussaat oft
vierhundertfach wieder. Bedürftig ist nur der Stadt=
bewohner und auch da nur, wenn er krank und verkrüp=
pelt ist. Der Indianer ist nie reich, aber auch nie arm,
die Baumwolle wächst überall, aus welcher er seine
dürftige Kleidung verfertigt; jeder Baum, jeder Strauch
bietet ihm Nahrung. Künftige Zeiten werden darin wohl
eine große Aenderung hervorbringen; immer mehr und
mehr schüttet Europa seinen Ueberfluß in diesen weiten
ergiebigen Schooß, das allgemeine Interesse wird sich
jener neuen Welt zuwenden und Verhältnisse werden sich
gestalten, die wir jetzt nicht träumen können, die unseren
Begriffen ferne stehen, welche aber beweisen werden,
wie klein so vieles ist, was uns groß dünkt, vorzüglich
unsere Weisheit.

Dieses Heraustreten aus den Gewohnheiten, von
denen wir oft glauben, daß sie Nothwendigkeiten sind,
die Veränderung sowohl im Standpunkte, als im Augen=
punkte, sind eine große Wohlthat und eine große Noth=
wendigkeit für den Menschen, und wenn es auch be=
quem ist, in gewissen Ueberzeugungen zu leben und sich
in den Wahn ihrer Unfehlbarkeit zu hüllen, so ist die
Ahnung von allem, was außerhalb liegt und doch durch
die unlengbare Thatsache der Existenz uns seine Be=

rechtigung beweist, eine große Mahnung — — zur Bescheidenheit.

Das Kaiserpaar sahen wir sehr wenig, obwohl wir in den ersten Wochen unter einem Dache wohnten; das neue Leben nahm alle Zeit und alle Gedanken in Anspruch.

Wie bereits erwähnt wurde, hatten sich die Majestäten acht Tage nach ihrer Ankunft in der Hauptstadt nach Chapultepec zurückgezogen. Von dort kam der Kaiser täglich in früher Morgenstunde nach Mexico, um sich hier den Geschäften zu widmen, die Regierungsorgane um sich zu versammeln, Männer zu empfangen aus allen Theilen des Landes, von allen dort maßgebenden Völkerschaften.

Für den Kaiser galt es Anfangs nur zu beobachten, zu prüfen; es durfte nichts überstürzt werden. Auch jenes, was als unhaltbar gleich in's Auge fiel, mußte doch eine Weile fortdauern, ehe man in den neuen fremden Verhältnissen eine durchgreifende Veränderung vornehmen konnte. Er mußte die Meinungen und Urtheile seiner Umgebung hören, wenn sie auch von keiner Seite entscheidend für ihn sein konnten. Die Franzosen, bei aller nationalen Tüchtigkeit im Allgemeinen, kosmopolitisch sehr ungebildet, verdammten und verhöhnten Alles und hielten Anschuldigungen aufrecht, welche sich bei näherer Prüfung keineswegs als stichhaltig erwiesen. Bei den Mexicanern hingegen war der Parteistandpunkt

ein zu ausgesprochener und Leidenschaftlichkeit, Gehässig=
keit, Rachsucht blieben allein maßgebend. Der Kaiser
mußte selbst sondern und klären. Es galt daher vor der
Hand nur, die äußeren Umrisse zu bestimmen, gleichsam
den Plan zu entwerfen, während sich die eigentliche Aus=
führung nur nach gewonnener Ueberzeugung feststellen
ließ. Auch waren es die materiellen Verhältnisse, die
zuerst in's Auge gefaßt werden mußten und jedenfalls
großer Verbesserungen bedurften. Sobald wie möglich
mußte auf eine Colonisation und auf die Vermehrung
und Beschleunigung der Communicationen hingewirkt
werden. Neue Kräfte von Außen; Arbeiter, vom Wunsche
getrieben, im fremden Welttheil ihr Glück zu versuchen
oder ein kleines Capital in kurzer Zeit zu vergrößern;
Menschen mit Ansprüchen an das Leben, mit Intelli=
genz und Fähigkeiten all' den brach liegenden Reichthum
zu benützen; kurz all' die Wechselwirkungen von Handel
und Wandel, von Industrie und Luxus, von Erzeugen
und Consumiren, sollten ermöglicht und herbeigeführt
werden. Doch auch dazu mußte sich im Auslande erst
einiges Vertrauen in die Haltbarkeit mexicanischer Zu=
stände bilden, was sich übrigens schneller fand, als man
erwarten durfte. Nach wenigen Monaten entschlossen
sich reiche Speculanten aus Nordamerika und England,
ihr Capital auf Unternehmungen in Mexico zu wagen,
und Concessionen zum Bau der Eisenbahn von Vera=
cruz nach Mexico, eine Hauptbedingung und die Grund=

lage für jedes commerzielle und industrielle Unterneh=
men, wurden verlangt und ertheilt. Dieser Bau, seit
Jahrzehnten unternommen, ohne jegliche Fortschritte zu
machen, wurde nun ernstlich in Angriff genommen und
sollte in weniger als vier Jahren zu Ende geführt
werden.

Wie schwer es in früherer Zeit gewesen, mit ir=
gend einem, auf Association begründeten Unternehmen
zu Stande zu kommen, beweist ein kleines Beispiel:
Vier Mal hatte sich eine Actiengesellschaft gebildet, um
die Stadt Mexico mit Gasbeleuchtung zu versehen und
ebenso viele Male war der Director des Unternehmens
mit dem Gelde durchgegangen.

In der Wahl seiner Umgebung, namentlich seiner
Räthe und Minister, konnte der Kaiser nicht vorsichtig
genug sein. Unfähigkeit, Eigennutz und Faulheit sind
Fehler, die sich leider bei etwas höher gespannten For=
derungen stets verriethen, wenn man auch Anfangs auf
Opferwilligkeit und Einsicht zählen zu können glaubte.
Wieder war es in der Hauptstadt, daß sich die Folgen
der depravirenden Zustände des Landes am grellsten her=
vorkehrten und man sich erfolglos nach Männern um=
sah, die geistige und sittliche Befähigung hätten, um
rathend und fördernd dem Monarchen zur Seite zu
stehen.

Unzählige Male hörte ich es von den Mexicanern
aussprechen, daß nur Europäer die Reorganisation des

12 *

Landes anbahnen könnten; dennoch, troß dieser aus gegenseitigem Haß und eigener Bequemlichkeit hervorgegangenen Selbsterkenntniß, betrachteten sie jeden Fremden, welcher des Kaisers Vertrauen genoß und seine Arbeiten theilte, mit dem größten Mißtrauen.

Damals war es ein Mann, erwählt durch den Nestor der Monarchen, König Leopold I., um seinen Kindern über das Meer nach der neuen Heimat zu folgen, der Belgier Eloin, welcher mit unermüdlicher Thätigkeit, mit der gänzlichsten Selbstaufopferung beinahe allein dem Kaiser zur Seite stand und ihm den Grundstein legen half, auf welchem die neue Monarchie gebaut werden sollte. Er hatte beinahe sein ganzes Leben auf Reisen zugebracht, die sich bis nach Australien und den Südseeinseln erstreckten; jeder administrativen Thätigkeit war er bisher fremd geblieben. Seine jetzige Aufgabe war ihm daher eine ganz neue und wenig zusagende. Dennoch bewogen ihn die warme Sympathie für die Bestrebungen des neuen Herrschers, die Ergebenheit für die Tochter seines Königs, das Interesse für ein Land, das eine so große Befähigung zum Glücke in sich trägt und doch zu den unglücklichsten der Welt gehört, jede persönliche Rücksicht bei Seite zu lassen und alles aufzubieten, was die Tüchtigkeit eines Einzelnen leisten kann, um der schweren Arbeit gerecht zu werden. Der Kaiser schätzt Eloin hoch und mit vollem Rechte; denn dieser vereinigt alle jene Eigenschaften, die beim Rathgeber eines Monarchen von hohem Werthe sind: er ist ebenso unabhängig in seiner äußeren Stellung, als in seinem Charakter. Ohne Ehrgeiz, ohne Eitelkeit, voll treuer Ergebenheit, die keine persönliche Gefahr und keinen persönlichen Vortheil kennt, aber auch ganz furchtlos dem kaiserlichen Herrn und seinem Mißfallen gegenüber, wo es Wahrheit und Ueberzeugung, Pflicht und Recht gilt, ist er ein Ehrenmann in des Wortes vollster Bedeutung.

Der Kaiser hatte Eloin zum Chef seines Cabinets ernannt und dort arbeitete er vom frühen Morgen bis tief in die Nacht, so viel in seinen Kräften lag, Gutes schaffend, Böses verhütend. Den Mexicanern war er bald ein Gräuel, denn seine strengen Anforderungen an die Opferwilligkeit jener, die sich dem Kaiser ergeben nannten, sein schonungsloses Verdammen von allem, was seinen Begriffen von Rechtlichkeit widerstrebte, die ungeschminkte Offenheit, mit welcher er mexicanische Trägheit, Schlauheit und Unverläßlichkeit beim Namen nannte, machten ihm unzählige Feinde. Auch die Franzosen waren ihm wenig gewogen, da er ihnen gegenüber des Kaisers Rechte vertheidigte und der Anmaßung Bazaine's energisch entgegen strebte.

Die Kaiserin, welche jeden Morgen von dem Grafen Bombelles und einem dienstthuenden Kammerherrn begleitet, einen Spazierritt zu unternehmen pflegte, folgte nach demselben ihrem Gatten in die Stadt, zeigte

das regste Interesse für seine Arbeiten, nahm Theil an
den Geschäften und hatte in vielen Dingen einen sehr
günstigen Einfluß auf den Kaiser, obgleich dieser ihre
optimistische Anschauungsweise nicht immer theilte. Ihr
schien nichts zu schwer, wo es galt, seine Zwecke zu
fördern.

Man versicherte mir, daß der Kaiser ihre gewandte
Feder, ihr Wissen und ihre feine Bildung gar oft benützte und an ihr eine thätige Mitarbeiterin besaß.
Doch auch im persönlichen Umgang wußte sie die ihr
zu Gebote stehende Macht als Kaiserin, als junge und
schöne Frau zur Geltung zu bringen. Mit Sicherheit
sprach sie in geeigneten Augenblicken die energischsten
Worte. Der Muth, die Geschäftskenntniß, eine gewisse
Schärfe des Urtheils überraschten bei einem so jugend-
lichen Wesen.

Freundlichkeit milderte jeden Ausspruch, war aber
stets von einer, größere Vertraulichkeit entfernenden Zu-
rückhaltung begleitet. Während der Kaiser bald durch
hinreißende Liebenswürdigkeit zu bezaubern verstand, bald
durch kalten Witz und einen ihm angeborenen Neckgeist
verletzte, blieb sich das Wesen Charlotten's immer
gleich; ihre Aeußerungen über Personen waren stets in
Uebereinstimmung mit der Art ihres Benehmens gegen
dieselben.

Immer ihrer Pflichten eingedenk, besuchte die Kaiserin alle öffentlichen Anstalten, Pensionate, Spitäler ꝛc.

und bald machte sich ihr Einfluß auch in dieser Rich=
tung geltend, denn weder die Geistlichkeit noch die Rei=
chen des Landes hatten bisher viel für Humanitäts=
anstalten geleistet. Was darin geschehen, war haupt=
sächlich französischen Klosterfrauen zu danken.

Die Kaiserin bildete einen Verein, welchem sich
die Damen Mexico's anschließen mußten und für den sie
praktische, von ihr selbst überwachte Thätigkeit forderte.

Wenn sie einerseits ihre Stellung als Kaiserin mit
ganzem Ernst auffaßte, so liebte sie es andererseits, sich
im Glanze derselben zu sonnen. Da gab es für sie
keine Unbequemlichkeit, und so einfach sie im täglichen
Leben, im Anzug, in ihren Gewohnheiten und Bedürf=
nissen war, ebenso sehr liebte sie den Prunk beim öffent=
lichen Auftreten. An ihre Umgebung konnte sie darin
Anfangs nur geringe Ansprüche stellen, sie selbst aber
hatte eine kindische Freude, bei großen Gelegenheiten
sich im Diadem, im goldgestickten Kleide, in der über=
aus reich verzierten, von den Schultern lang herabwal=
lenden rothen Sammtschleppe dem staunenden Volke zu
zeigen, während der Kaiser so viel als möglich derlei
vermied und an solchen Tagen entweder ein Unwohlsein
vorschützte oder sich auf andere Weise den Feierlich=
keiten zu entziehen trachtete.

Dem Kaiser schien jeder Aufwand zu bloßer Re=
präsentationsförmlichkeit unangenehm. Vielleicht hatte
er das Gefühl, daß nur altgewohnte, durch geschichtliche

Erinnerungen geweihte Gebräuche solchen Aufzügen noch einen gewissen Stempel von Ehrwürdigkeit aufzudrücken vermögen.

Das Ansehen eines Monarchen steht im 19. Jahrhundert auf anderer Basis; einem klaren Kopf und gesunden Gefühl mußte ein Ceremoniel widerstreben, welches keine Traditionen hatte und durch Unkenntniß und Unerfahrenheit derjenigen, welche es ausführen sollten, oft die Grenzen des Lächerlichen weit überschritt.

Wie empfindlich Kaiser Maximilian für solche Schattirungen war, bewies er bereits in Miramar, als er zum ersten Mal nach Annahme der Krone eine mexicanische Uniform trug. Als ich damals bei der Hoftafel den Platz an seiner Seite einnahm, flüsterte er mir zu: „Nichts Lächerlicheres, als solch' einen Anzug selbst zu erfinden!"

Auch war er sehr ungeduldig, als sich die Abreise verzögerte. Die ihm zu jener Zeit in Miramar erwiesenen Ehren eines mexicanischen Kaisers trugen ein Gepräge, welches Niemand schneller herausfühlte als er selbst. Eben so erging es ihm in Mexico, als er dort zum ersten Mal den landesüblichen Anzug des Reiters annahm. Lachend versicherte er uns, er wisse nicht, wie er unbemerkt genug aus seinen Gemächern in's Freie gelangen könne. Nur wenn er einmal auf dem Pferde sitze, verliere er die Empfindung — verkleidet zu sein!

Ich selbst sah ihn nie im mexicanischen Nationalcostume. Gewöhnlich ging er in Civil, bei großen Gelegenheiten trug er eine einfache, dunkelgrüne Uniform
mit goldgesticktem Kragen, eine rothe Schärpe und weiße,
goldbordirte Beinkleider.

Die Diners bei Hof waren sehr einfach. Der
Kaiser hatte nicht einen silbernen Löffel aus Europa
mitgebracht. Ein Tafelservice war in Paris bei Chri-
stofle bestellt worden, zu meiner Zeit aber noch nicht
angelangt. Im „Palacio" hatte sich nichts Werthvolles
vorgefunden. Nur die Eßbestecke waren von Silber,
Glas= und Porzellanservice von der größten Einfachheit.
Statt der Aufsätze von edlem Metall prangten herrliche
Blumensträuße auf der Tafel und diese wenigstens
konnten es an Schönheit mit allen jenen aufnehmen,
welche jemals die Tafel eines Monarchen schmückten.
Obwohl der Kaiser Kochkünstler aus Europa mitgenommen hatte, war die Tafel doch eine ziemlich schlechte.

„Haben Sie jemals so schlecht gegessen wie bei
mir?" fragte mich Kaiser Maximilian einmal bei
solcher Gelegenheit. Er selbst führte eine äußerst mäßige
Lebensweise, berührte kaum die Speisen und trank nur
gewässerten Champagner.

Mich brachte mein Schicksal bei größeren Diners
gewöhnlich an die Seite des Erzbischofs Monsignore
Labastida, von dem ich möglichst viel über Land und
Leute zu erfahren trachtete; doch gab er mir in sehr

gebrochenem Französisch nur spärliche Auskunft und be-
gnügte sich, den Kopf gegen die rechte Schulter zu
neigen und zu lächeln. Es fiel mir auf, daß er von
jeder dargereichten Speise auf seinen Teller nahm, ohne
jemals davon zu essen.

Einen viel günstigeren Eindruck machte auf mich
der Großalmosenier der Kaiserin, Bischof Ramirez,
ein Indianer reinen Blutes, dessen Wesen, einfach, edel
und männlich, vortheilhaft abstach gegen den auf den
Gesichtern der Creolen und Mestizen ausgeprägten Zug
süßlicher Falschheit.

Nachdem einige wichtige Anordnungen getroffen
waren, faßte der Kaiser den Entschluß, eine Reise durch
das Land zu unternehmen, theils damit in der Zwi-
schenzeit sich Manches in der Hauptstadt ordne und
befestige, theils um sich selbst über Menschen und Zustände ein klares Urtheil zu bilden, theils auch, um
den wohlbewußten Einfluß seiner Persönlichkeit geltend
zu machen. In die Hände Charlottens legte der
Kaiser die Regentschaft, als er die Hauptstadt verließ.
Sie sollte im Ministerrathe präsidiren, die öffentlichen
Audienzen abhalten, welche er nach dem schönen Vorbilde
der österreichischen Monarchen in Mexico eingeführt
hatte. Für jede wichtige Entscheidung blieb er in tele-
graphischer Verbindung, in allem Anderen aber wußte
er wohl, wie sehr er sich auf seine Frau verlassen konnte,
welche mit der Naivetät und Unerfahrenheit eines jungen

Märchens die Energie und Furchtlosigkeit eines Mannes vereinigte und die ganze Schwärmerei der Jugend, die in gewöhnlichen Lebenslagen sich in Gefühlssphären verliert, an die Aufgabe setzte, mit Hand anzulegen an die Regeneration Mexico's, an den Ruhm ihres Gemals, um einst in der Geschichte als große Frau neben einem großen Manne zu stehen.

Die Rolle, die ihr hiermit zugewiesen wurde, tröstete sie etwas für den großen Kummer, den Kaiser nicht auf seiner Reise begleiten zu können, ein Wunsch, der an der Gräulichkeit von Weg und Wetter scheiterte. Sie blieb daher im Palaste von Mexico zurück, den General Almonte und seine Frau gleichzeitig bezogen. Palastdamen, nach dem Vorbilde des französischen Hofes, verheirathete Frauen, welche in ihren Familien fortlebten, begleiteten sie bei den Spazierfahrten oder den Besuchen von öffentlichen Anstalten, denen sie ihre Sorgfalt widmete.

In ihren Zimmern blieb sie stets ganz allein, versunken in Beschäftigungen, in Lecturen, oft auch in schriftstellerischen Versuchen. Die große Offenheit und Verläßlichkeit ihres Charakters, die Natürlichkeit ihres Wesens, die edle Richtung ihres Geistes, der keinen Argwohn kennt, weil ihm alles Gemeine fern steht, die Liebe zum Rechten und Guten müssen die größte Hochachtung aller Jener erwecken, welche der hohen Frau jemals nahe standen.

Achtes Kapitel.

Reise nach den Bergstädten. Pachuca. Real del Monte. Mr. Auld. Rückkehr. Erinnerungen an Cortez. Marina. La noche triste. El Salto de Alvarado. Ausflug nach der Cañada. Reise und Krankheit des Kaisers.

Nachdem wir am 6. Juli an der Geburtstagsfeier des Landesherrn gebührend Antheil genommen hatten, unternahmen wir den 7. Morgens einen Ausflug nach den berühmten Silberbergstädten der Provinz Mexico: Pachuca und Real del Monte. Mr. Barron, Don Pedro Escandon und zwei junge Franzosen, wovon der eine, ein Neffe des Dichters Chateaubriand, den gleichen Namen trug, waren unsere Reisegefährten; mit ihnen fuhren wir in einer Deligence durch eine zum großen Theil unschöne Gegend, die nebstbei keineswegs den Ruf großer Sicherheit genoß. Auch hatten die Herren Revolvers mit; sechs Zuaven saßen auf der Imperiale und auf halbem Weg kam uns die in Sold der Minengesellschaft stehende Guardia rurale entgegen. So macht man in Mexico Landpartien. In einem elenden kleinen Ort, Tisayuca genannt, auf halbem Weg zwischen der Hauptstadt und Pachuca, machten wir kurze Rast

und fanden bei einem französischen Wirth in einem
äußerst unsaubern und fliegenreichen Locale ein recht
gutes Gabelfrühstück.

Dann ging es wieder fort, den kahlen Bergen entgegen, welche in ihrem Schooße reiche Silberadern verschließen, die von der English Mining Company in
Pacht genommen sind und reichen Ertrag abwerfen.

In einer engen Schlucht am Fuße jener Berge
liegt die kleine, unschöne Stadt Pachuca. Der Director
der Actiengesellschaft besitzt hier ein geräumiges Haus,
gebaut nach der Sitte des Landes, aber mit allem Comfort englischer Gewohnheiten eingerichtet. Mr. Thomas Auld stand eben im Begriff seiner Familie nach
England zu folgen und die Directorschaft, die ihn in
wenigen Jahren zum steinreichen Mann gemacht hatte,
seinem Bruder Mr. Stuart Auld zu übergeben.
Beide Brüder und die liebenswürdige Frau des Letzteren empfingen uns mit einem Wohlwollen und einer
Freundlichkeit, die uns zu großem Dank verpflichteten.
Die acht Tage, welche wir unter ihrem gastlichen Dache
verlebten, sind wahrlich nicht die wenigst angenehmen
in jenem fernen Lande gewesen.

Den ersten Morgen verbrachten wir in Besichtigung der ergiebigsten Mine, Rosario genannt, in welche
man ganz ebenen Fußes gelangt, aus der aber eine so
große Hitze strömt, daß wir nur 200 Yards weit hinein-
drangen. Ueberall lag das silberhaltige Mineral auf

unserem schmalen, dunkeln Wege und einige Schläge mit
dem Hammer genügten, um uns in den Besitz einiger
Stücke desselben zu setzen. Dann ging es zu den
Haciendas, den großen Baulichkeiten, wo wir die ver-
schiedenartigsten Manipulationen kennen lernten: wie
man das Wasser aus den Schachten herauspumpt, wie
man die Erze zerstampft, das Silber ausscheidet, es
durch Beimischung von Quecksilber von allen Neben-
bestandtheilen reinigt, wie man dann wieder das Quecksilber entfernt, das reine Silber in poröse Stücke sammelt, es schließlich schmilzt und zu schweren Barren
gießt. Eine Barre hat ungefähr den Werth von 1500
Dollars; alle 14 Tage werden 28 Barren versendet,
was im Jahr einen Bruttoertrag von circa 12 Millionen Dollars abwirft. Davon fällt ein Drittel auf
Regie- und Betriebskosten, ein zweites Drittel auf Pro-
cente, die dem Staat gezahlt werden, während der
Rest den Reinertrag bildet und unter die Actionäre
vertheilt wird. Ueber zwölfhundert Indianer arbeiten in
diesen Minen und 1600 Maulesel werden in den Haciendas verwendet. Die Garde der Gesellschaft begleitet zwei Mal im Monat die Silberbarren nach den
Hafenstädten, von wo sie größtentheils nach England
versendet werden.

Die Compagnie hat überall die prächtigsten Straßen gebaut; auf einer solchen fuhren wir Nachmittags,
stets von der schmucken Guardia rurale begleitet, über

einen hohen Berg nach Real del Monte. Es ging an
haarsträubenden Abgründen vorbei; nur kurzes Gesträpp
und bunte Blumen bedeckten die Berge. Die Spanier
haben hier die Wälder beinahe völlig ausgerottet, so
daß der Anblick ein trauriger ist. Dafür entschädigten
herrliche Fernsichten über die Ebene und nach den Schnee-
bergen.

Je näher wir an Real del Monte kamen, desto
mehr hob sich die Vegetation; schließlich fuhren wir durch
einen herrlichen Wald von immergrünen Eichen, und
hinter demselben in einer Schlucht liegt 10.000 Fuß
hoch die kleine Stadt. Diese Höhe läßt selbst bei so
niederen Breitegraden keine Wärme zu. Ich habe lange
nicht so sehr gefroren, wie an diesem Julinachmittag in
den Tropen; das Kaminfeuer in dem Hause des Mr.
Stuart Auld war äußerst erfreulich. Hier, wo oft
Schnee fällt, haben die Häuser Dächer, was der Landschaft einen europäischen Charakter gibt. Ueberhaupt
könnte man sich in eine Alpengegend versetzt glauben;
herrlich geführte Bergstraßen verbinden die Thäler, die
Vegetation trägt nicht mehr den tropischen Stempel;
die Wälder bestehen aus immergrünen Eichen, aus Cedern und Cypressen und aus jenen prächtigen Kiefer-
gattungen, die wir schon auf den Höhen des Rio frio
bewundert hatten. Die Felsenformationen sind höchst
merkwürdig; die berühmten „Piñes Cargados" stehen
wie Pyramiden auf grüner Wiese in einem engen Thal;

an anderen Stellen erheben sich hohe Porphyrwände an der Seite der Straße und bergen in ihren Spalten Dahlien, Convolvulus, Sylvias und andere grellfarbige Blumen. Sehr interessant ist auch der Wasserfall von Regla, der sich unweit der schönen Hacienda de San Miguel von hohen Basaltfelsen stürzt. Wie mannigfaltig ist die Schönheit, welche dieses große Land bietet, wie viel Herrliches hätten wir noch bewundern können, wenn Regen und Räuber, wenn die Unmöglichkeit der Communicationen unserer Reiselust nicht so schwere Fesseln angelegt hätten!

Nach achttägigem Aufenthalte in Pachuca kehrten wir nach Mexico zurück und bezogen dort das hübsche Haus der Familie Escandon, in der „Calle del Puente de San Francisco". Da uns keine weiteren Ausflüge mehr vergönnt wurden, spähten wir nach dem Interessantesten in der nächsten Nähe der Hauptstadt und forschten nach den überbleibenden Zeugen der Eroberung Mexico's, nach den Einzelheiten, welche jene Zeit anschaulich machen konnten; doch auch davon ist leider wenig mehr zu finden.

Der berühmte Baum der „Noche triste" ist ein Alters= und Gattungsgenosse der Bäume von Chapultepec (Taxodium distichum, mexican. Ahuahuetes), von ungeheuerem Umfang, dessen Krone bereits verdorrt ist und welcher einsam in der Nähe eines verfallenen Klosters in einem ehemaligen Friedhofe steht. Hier soll

Cortez mit einem kleinen Häuflein Getreuer einige
Stunden Rast gefunden haben, nachdem der größte Theil
seiner Truppen überfallen und niedergemetzelt worden
war und er keinen Ausweg mehr hoffen konnte, als
den, ruhmreich zu sterben. List, Klugheit, Muth und
Genius hatten den kühnen Abenteurer mit seiner kleinen Schaar bis in das Herz des Reiches geführt, bis
in die Hauptstadt desselben, in das berühmte Tenochtitlan. Er war des gefürchteten Montezuma Gast,
bewohnte seinen schönsten Palast am Fuße des größten
Teocali, wurde geehrt vom aztekischen Kaiser und mit
Geschenken überhäuft. Die Einwohner der Stadt nannten
die Spanier „die weißen Götter", bewunderten, verehrten und fürchteten sie.

Marina, die muthige Indianerin, welche mit
leidenschaftlicher Liebe an Cortez hing, ihn mit ihrer
Klugheit und Vorsicht schützte, vor mancher Gefahr bewahrte, war nun auch die Vermittlerin zwischen Cortez und Montezuma. Dieses heldenmüthige Mädchen
war die Tochter eines vornehmen aztekischen Kaziken.
Nach dem Tode ihres Vaters hatte die treulose Mutter
sie verkauft und so ward sie das Eigenthum des Kaziken
von Tabasco in Yucatan, der sie Cortez zum Geschenk
machte. Ihre große Schönheit erwarb ihr bald die
Liebe des Feldherrn und sie vergalt diese mit einer
Treue, einer Aufopferung, einer muthigen Fürsorge,
welcher Cortez und seine Schaar gar oft die Rettung

vor dem Verrath und der List der Mexicaner verdankten. Die Spanier liebten und verehrten sie, und ihr
Andenken ist in Mexico beinahe ebenso lebendig, als
die Erinnerung an Cortez.

Mit dem Streben, das reiche, herrliche Land für
die Krone Spaniens zu erwerben, vereinigte Cortez
den ganzen Eifer der damaligen Zeit, um den christlichen Glauben an die Stelle einer Religion zu pflanzen, deren Ausübung hauptsächlich in Menschenopfern bestand. Leise begann er dahin zu wirken, indem er Montezuma die Schönheit und Erhabenheit der Religion
Christi schilderte und seinen Abscheu über den Götzendienst der Azteken ausdrückte. Montezuma's Besorgniß und Argwohn aber wurden dadurch gesteigert, er
fürchtete den Zorn und die Rache seiner Götter. Miß-
trauischer noch ward das Volk, und bald entdeckte Marina's Klugheit und Sorgfalt die ersten Anzeichen einer
Verschwörung, die allen Spaniern Tod und Verderben
bringen sollte. Da erfuhr Cortez das Landen und Herannahen einer größeren Schaar von spanischen Kriegern,
unter der Anführung von Narvaez, den der Gouverneur von Cuba, Velasquez, längst auf Cortez Ruhm
eifersüchtig, abgesendet hatte, um ihn zu bekämpfen, gefangen zu nehmen und die Eroberung Mexico's im eigenen Namen fortzusetzen. Cortez aber, den großen
Einfluß kennend, den er auf die Gemüther der Soldaten
ausüben konnte, vereitelte diesen Plan. Er übergab das

Commando in Tenochtitlan dem tapferen aber grausamen Alvarado, überfiel des Nachts mit wenig Mann Narvaez, nahm ihn gefangen und wußte bald mit Gold und Versprechungen die Armee, die gegen ihn gezogen war, für sich zu gewinnen.

Mächtiger und siegesgewisser denn je, kehrte Cortez nun nach Mexico zurück; dort aber hatte sich inzwischen alles verändert. Der goldgierige Alvarado hatte während eines Festes zu Ehren Huitzlipochtli's, des Kriegsgottes, zu welchem die aztekische Jugend im vollsten Schmuck erschienen war, diese überfallen, sie niedergemetzelt und beraubt. Wuth und Rachedurst der Azteken waren ungeheuer. Still und verborgen ließen sie Cortez bis in's Innere der Stadt dringen, dann umstellten und überfielen sie ihn in ungeheuerer Menge. Montezuma, der ihn schützen wollte, wurde von ihren Pfeilen getroffen und starb wenige Tage nachher an den erhaltenen Wunden. Die Spanier fanden in der Mehrzahl ihren Tod: die Kähne, auf welchen sie sich flüchten wollten, hatten die Azteken verbrannt, die Brücken, welche die Dämme vereinten, hatten sie niedergerissen. Bei finsterer Nacht, von Marina geführt, gelang es endlich Cortez, mit einem kleinen Häuflein das Festland zu gewinnen. Unter dem Baum der „Noche triste" zählte er seine Tapferen und weinte bitterlich!

Auch Alvarado hatte sich gerettet durch einen Muth und eine Körperkraft, welche selbst bei seinen

erbitterten Feinden die größte Bewunderung erregten.
Sein Pferd war getödtet, zu Fuß hatte er die Heran=
stürmenden zurückgedrängt; an einer Stelle aber, welche
durch große Abgrabungen jede Flucht unmöglich erschei=
nen ließ, erreichten ihn seine Verfolger! Da raffte er
seine ganze Kraft zusammen. Gestützt auf seine Lanze,
übersetzte er mit einem Sprunge die breite Erdspalte;
niemand konnte ihm folgen, nur der Schrei der Be=
wunderung aus den Kehlen der Azteken, die ihn den
Sohn der Sonne nannten, tönte ihm nach.

In einem verwilderten Garten in einer Vorstadt
Mexico's wird diese Stelle noch mit dem Namen „El
salto de Alvarado" bezeichnet; doch ist aus dem brei=
ten Einschnitt ein kleiner, von Unkraut überwucherter
Graben geworden, den kein zehnjähriger Knabe Anstand
nehmen würde, zu überspringen.

Dem Genius und dem Glücke des großen Aben=
teurers gelang es trotz der furchtbaren Niederlage den=
noch, Herr und Sieger der Azteken zu werden. Ver=
bündet mit den feindlichen Stämmen, welche sich der
aztekischen Oberherrschaft entziehen wollten, unterstützt
durch die wirkliche und moralische Einwirkung der Feuer=
waffen, ausgerüstet mit einem Muthe und einer Kriegs=
kunst, die jenen Völkern fremd waren, gelang es ihm
endlich, nach furchtbaren Mühsalen, Entbehrungen und
Leiden, das große mexicanische Reich zu stürzen. Ueber
200.000 Menschen sollen am Kampfplatze geblieben sein.

Guatimozin, der heldenmüthige Neffe und
Schwiegersohn Montezuma's und sein Nachfolger,
ward der Gefangene des Cortez. Seine Marter=
geschichte ist ein blutiger Flecken im Leben des Erobe=
rers von Mexico. Tenochtitlan wurde gänzlich zerstört
und auf den Trümmern erbaute Cortez eine neue
Stadt und zeigte sich als Gesetzgeber, als Organisator
eben so weise, als er sich als Eroberer und Feldherr
tollkühn und unbezwingbar erwiesen hatte. Der Geist
der Unduldsamkeit aber, der sich damals bis zur höch=
sten Spitze des Fanatismus erhob, kennzeichnet alle
seine Thaten; es war der Geist, der in Spanien die
Mauren besiegt, ja beinahe vernichtet hatte, und der bei
seinen Nachfolgern, gepaart mit Habsucht und Geld=
gier, immer größeren Druck auf die Indianer ausübte.
Die Intrigue wirkte bald gegen Cortez. Carl V.
fürchtete seine Macht und besorgte, er könne sich von
der Krone Spaniens unabhängig erklären wollen; er
wurde abberufen und Vicekönige nahmen seine Stelle
ein. Zum Marques del Valle de Oaxaca ernannt,
mit Ehren und Reichthümern überhäuft, aber gekränkt
und verletzt, wie sein größerer und edlerer Vorgänger
Christoph Columbus, starb Cortez in Spanien,
63 Jahre alt. —

Mit der Länge unseres Aufenthaltes in Mexico
wuchsen auch Interesse und Liebe für dieses schöne Land.
Wohin wir uns auch wandten, überall bot die Natur

neuen Genuß. Ein Ausflug nach einem verlassenen Landhause, La Cañada, den wir in Begleitung unseres Wirthes von Pachuca, Mr. Thomas Auld, der Familie Escandon und Mr. Barron unternahmen, bleibt in der Erinnerung als ein köstlich verlebter Vormittag.

Wenige Schritte von einem mächtigen Bergstrome, der, als große Seltenheit im Lande, doppelt geschätzt wird, liegt das niedere, anspruchslose Haus so einsam, so fern von allen Menschen, daß es in den bösen Zeiten unmöglich geworden ist, es zu bewohnen. Ein großer Park, der sich über die Höhen hinanzieht, umgibt es. Längst waltete hier keine ordnende Hand mehr, aber weit entfernt, unter dem Mangel an Pflege zu ersterben, überwuchert die Natur hier alles, was der Mensch ihr preisgegeben hat, mit dem reichsten Schmucke. Unter dem Schatten herrlicher Bäume blühen in malerischer Unordnung die schönsten Rosen, so voll, so „hundertblätterig", wie in unseren sorgsamst gepflegten Gärten, und neben ihnen unzählige andere Blumen in unendlicher Farbenpracht. Die mit goldenen Blüten bedeckten Cassienbäume blinken aus dem Dickicht heraus, Wicken und Winden schlingen sich um alle Bäume, ihre Blumen mit den Blüten der schönsten Mimosen vereinigend. Dazwischen prangen Farrenkräuter und Schmarotzerpflanzen. Ach! einen Theil dieser Fruchtbarkeit, dieser Productionskraft für unser menschenüberfülltes

Europa, oder besser noch: Millionen von Europäern in jenes Land, das in seinem Schooße Reichthum und Glück für so viele Bedürftige, so viele Arbeitslustige birgt, und es könnte viel Elend aus dieser Welt verschwinden, unendlich viel Gutes und Schönes gedeihen.

An anderen Tagen geleitete uns Mr. Barron nach den Haciendas, die ihm gehören und in der Nähe der Stadt, in der fruchtbaren Ebene liegen. Hier hält er Pferde, hier wird Viehzucht getrieben, hier gibt es ungeheure Fruchtböden, um den Reichthum der Erde aufzunehmen, hier wird der Pulque bereitet ꝛc. ꝛc.

Wir wurden mit Triumphbögen und mit Pöllerschüssen empfangen. Indianer, mit einer Anzahl von Blasinstrumenten versehen, bildeten eine Musikbande, die es an Originalität mit unseren Zigeunern aufnehmen könnte: eine große Zahl von neugierigen und zutraulichen Eingeborenen des Landes, Männer, Weiber und Kinder, hatten sich versammelt, um uns zu sehen. Barron ward überall mit Gruß und Handschlag bewillkommt. Beim Klang nationaler Weisen tanzten die Indianer den volksthümlichen „Jarabe“ mit dem größten Phlegma. Die Umstehenden begleiteten die Musik mit Gesang. Dann band ein Indianer sich zwei große Küchenmesser an die Beine und tanzte, die Spitzen der Messer gegen einander gekehrt, sehr geschickt, aber wenig ästhetisch. Mir bot sich dabei reiche Gelegenheit, die Typen der Indianer zu beobachten. Die Gesichtsbildung verräth eine große Verschiedenheit der Racen, überall aber ist Sanftmuth und Apathie ausgeprägt.

Ein copioses Frühstück von Nationalspeisen ward uns geboten, wobei Mais, Frijoles, Tortillas, Tamales, Guajolote und Chile eine große Rolle spielten. Eine kleine Art von Kürbis, trefflich zubereitet, mundete uns sehr gut, den Pulque aber konnte ich weder milchweiß, noch nach Landesart grün und roth gefärbt, über die Lippen bringen.

Schnell verging eine Woche nach der anderen; die herrlichen Morgen, kühl und frisch durch den „Agua-cero" (Platzregen) des vergangenen Tages, wurden nach Möglichkeit benützt. Die Regelmäßigkeit des Klima's ist eine große Annehmlichkeit des Lebens; man kann seine Pläne beinahe mit völliger Sicherheit Tage lang voraus bestimmen. Nur die Dauer der Regenzeit ist nicht immer gleich und wir hatten leider eine der längsten getroffen, welche in jenem Theile der Tropenländer vorkommen. Beinahe drei Monate lang blieb der Dili-gencenverkehr zwischen Puebla und Cordova unterbro-chen; daher konnten wir den Zeitpunkt unserer Abreise nicht feststellen. Nicht nur, daß die „Aguaceros" beson-ders heftig waren, sondern es hatte auch die, bei der Ankunft des Kaisers in schuhhoher Erdanhäufung be-stehende Straßenreparatur die Wege grundloser denn je gemacht.

Hunderte von Wagen stacken im Koth, viele Maul=
esel waren beim Bemühen, sie heraus zu ziehen, ver=
unglückt; sie hatten entweder die Beine gebrochen oder
waren gefallen und dann buchstäblich im Moraste er=
stickt. Ebenso war es den, schwere Lasten tragenden
Eseln ergangen, welche überladen, wund gedrückt, schlecht
genährt, die bemitleidenswerthesten Geschöpfe der Welt
sind. Der Mexicaner schindet und plagt Esel und Pferde
auf die hartherzigste Weise. Letztere, die ihm so große
Dienste leisten und durch Ausdauer und Intelligenz ganz
besonders ausgezeichnet sind, werden von dem Reiter
beinahe gar nicht gepflegt und ohne jegliche Schonung
behandelt. Auf allen Wegen sieht man auch todte, von
der Müdigkeit überwältigte Pferde und Esel liegen,
welche nun den Hunden oder den Aasgeiern (Zapilotes)
zur Speise dienen und, in der Sonnenhitze schnell fau=
lend, weithin den widerwärtigsten Geruch verbreiten.

Der Kaiser hatte den 10. August, blos von einer
kleinen Anzahl Männer begleitet, die Hauptstadt ver=
lassen und seine Reise angetreten, welche er im äußerst
praktischen Costume des Landes und größtentheils zu
Pferde, mühselig auf grundlosen Wegen zurücklegte. Diese
furchtlose Reise, Vertrauen zeigend, zugänglich für Jeder=
mann, überall selbst prüfend und sehend, keiner Partei
angehörend, dabei von all dem Nimbus eines Kaisers
umgeben, der hier ein so fremder Begriff ist, mit Treue

und Scepter erwartet, während er ganz schlicht, freundlich und menschlich auftrat, erregte großen Enthusiasmus.

Die Leute, denen das Wohl des Landes am Herzen lag, die endlich dieser Aera von Blutvergießen, von
Bürgerkrieg, von Tyrannei und Revolution entkommen
wollten, setzten ihre Hoffnung und ihr Vertrauen auf
den Kaiser. Ihre Lage war eine gräßliche gewesen und
ward durch die französische Intervention nicht versüßt.
Viele blickten mit froher Zuversicht in die Zukunft und
hätte man ihren Versicherungen Glauben geschenkt, so
mußte man die Erwartung hegen, daß sie das neue
Kaiserreich, den geliebten Monarchen mit Gut und Blut
beschützen würden.

Kaiser Maximilian's Reise erlitt eine sehr un-
liebsame Störung: Hitze und Feuchtigkeit hatten ihm
eine starke Verkühlung zugezogen; in dem kleinen Orte
Irapuato, unweit der Stadt Queretaro, war er an einer
heftigen Angina nicht unbedenklich erkrankt. Stürme und
Ueberschwemmungen hatten während einiger Tage die
telegraphische Communication zwischen dem Kaiser und
der Hauptstadt zerstört; daher erfuhr man daselbst die
Krankheit des Monarchen erst, nachdem sich derselbe
bereits auf dem Wege der Besserung befand. Der Kaiser
aber sah sich genöthigt, die fernere Bereisung des Landes einer späteren Zeit aufzubewahren. Guadalaxara,
die schönste, blühendste Stadt des Landes, hatte schon

Vorbereitungen zum Empfang des Monarchen getroffen, aber sein Besuch unterblieb.

In der Hauptstadt seufzte, ja murrte man bereits über sein langes Ausbleiben; die Minister waren rath- und thatlos, auch Bazaine legte die Hände in den Schooß. Inzwischen wurde mehr geplündert und weggelagert als sonst: eine Diligence wurde vor den Thoren der Hauptstadt ausgeraubt und kehrte mit ihren Passagieren dorthin zurück, nachdem, wie ein lustiger Franzose behauptete, die Räuber ihnen nichts gelassen hatten: „que les yeux pour pleurer!" Bei einer anderen Diligence wurde der Kutscher vom Bock herabgeschossen; ein französischer Reisender, der Marquis de Radepont, wurde überfallen und nur nachdem er mit seinem Revolver mehrere Guerilla's getödtet hatte, konnte er seine Reise fortsetzen. Diese Zustände schrieen nach Abhülfe!

Neuntes Kapitel.

Die Feier der Unabhängigkeit Mexico's. Die Spanier in Mexico. Einfluß der Ereignisse in Nordamerica und der französischen Revolution. Sturz der spanischen Bourbonen. Rückwirkung auf die Colonien. Die Befreiungskriege. Die Pfarrer Hidalgo, Morelios und Matamoros. Iturbide. Das Kaiserreich. Augustin I. Mexico als Republik. Gegendemonstration bei der Feier. Aguacero. Erdbeben. Scorpione. Reisehindernisse. Rückkehr des Kaisers. Der Klerus.

Auf die ersten Tage des Monats September fällt die Erinnerungsfeier der Unabhängigkeit Mexico's. Der Kaiser war abwesend, die Kaiserin präsidirte bei den Festlichkeiten; es wurde ein To Deum abgehalten, es gab Diners bei Hof, Festvorstellungen im Theater. Und doch war es eine mißliche Sache mit dieser Feierlichkeit. Die Losreißung vom Mutterlande ist nicht blos durch eine Reihe von Gräueln und Freveln gebrandmarkt, wie dies bei gewaltsamen Revolutionen ja immer der Fall ist, sondern Mexico hat auch seine Unabhängigkeit wahrlich nicht zu Ehren gebracht. Auf den Tafeln der Geschichte hat es als freier Staat keine Tage der Größe einzutragen, nur Zeiten des sittlichen und des materiellen Verfalles. Die schöne Idee der Unabhängigkeit ist hier

nie zur Geltung gekommen, und mit der Befreiung vom
spanischen Drucke wurden nur weit größere Tyrannei
und Willkür entfesselt. Dennoch wird wohl Niemand
die spanische Regierung von großer Schuld gegen die
Colonien lossprechen wollen, obzwar von allen spanischen Besitzungen in America dem „Königreiche Mexico"
die größte Sorgfalt zugewendet wurde. Nirgends fand
man unter den Eingeborenen eine so weit vorgeschrittene
Civilisation wie hier, nirgends eine arbeitsamere Race,
nirgends Menschen, die ihr hartes Loos mit so großer
Sanftmuth und Geduld ertrugen.

Das Land selbst wetteiferte an Reichthum des
Bodens in Bezug auf agricole wie auf minerale Schätze
mit allen Gegenden der neuen Welt, ja es übertraf
die meisten anderen. Das Mutterland konnte unermeßliche Summen daraus ziehen. Die spanische Regierung
war daher sorgsamer in der Wahl jener Männer,
die sie mit großer Macht ausgestattet als Vicekönige
nach dem herrlichen Mexico sandte; viele unter ihnen
waren Männer von ausgezeichneten Eigenschaften, von
wahrer Menschenliebe, aber weder die Ideen noch die
Institutionen der damaligen Zeit konnten die armen
Indianer vor dem furchtbarsten Druck und der Habgier
der Colonisten schützen. Das schreckliche Princip der
„Repartimientos" wurde von San Domingo und Cuba
nach Mexico verpflanzt. Es vertheilte gleich Heerden
die Indianer an die Spanier und führte somit das

Sclaventhum in seiner empörendsten Form ein. Die unmenschlichen Herren schleppten die ihnen schutzlos Preisgegebenen in die Minen, wo sie nach Gold und Silber graben mußten, und erdrückten sie unter der Wucht der Arbeit.

In kurzer Zeit wurden durch diese Behandlung die Indianer auf den Inseln völlig ausgerottet, während sie sich in Mexico auf erschreckende Weise verminderten. Später wurde das Sclaventhum in eine Art von Leibeigenschaft verwandelt und erst gegen Ende des achtzehnten Jahrhunderts wurden energischere Maßregeln ergriffen, um dieses arme Volk vor gänzlichem Untergange zu retten. Ihr Unglück wurde dadurch etwas gemindert, aber der große zerstörende Einfluß auf ihre Bildung, ihre Intelligenz blieb, die Vernachlässigung, die Mißhandlungen von Jahrhunderten hatten die geistigen Fähigkeiten dieses Volkes auf lange erdrückt.

Doch nicht blos den Indianern gegenüber erwies sich die spanische Regierung als äußerst mangelhaft. Die Besorgniß, die Colonien könnten sich zu sehr von dem Einfluß und der Herrschaft des Mutterlandes befreien, ließ sie Maßregeln ergreifen, welche in der Länge der Zeit die größte Unzufriedenheit wachrufen mußten. Die Regierung sonderte nämlich ängstlich alle in den Colonien geborenen Spanier von jenen ab, welche auf der Halbinsel geboren und erzogen worden waren. Nur die Letzteren erhielten öffentliche Stellen im politischen, administrativen oder richterlichen Amt; die Creolen wurden völlig davon ausgeschlossen.

Die Inquisition, dieses größte Verbrechen der Tyrannei, wachte außerdem sorgsam, daß keine Begriffe von politischer Freiheit, von Menschenrechten bis zu ihnen dringen konnten; jedes Buch wurde einer dreifachen Censur unterworfen. Hingegen lullte man die Creolen durch die Gewährung materiellen Wohlstandes und die Befriedigung ihrer Eitelkeit ein. Man gab ihnen Gelegenheit, sich in den Minen oder durch großen Grundbesitz zu bereichern; man verlieh ihnen Titel und mehr noch als dies, man erlaubte ihnen, sich Officierspatente zu kaufen, deren Erlös den Säckel der Vicekönige oder den öffentlichen Schatz füllte. So kam es oft vor, daß kleine Kaufleute in reichgestickter Uniform in ihren Buden saßen und Kaffee und Zucker abwogen, was dem Fremden sehr komisch erscheinen mußte.

Trotzdem war es unmöglich, die Ereignisse in anderen Ländern für Mexico ungeschehen zu machen. Vor Allem war es der Befreiungskrieg in Nordamerica, der Abfall der englischen Colonien vom Mutterlande, die Constituirung der Vereinigten Staaten als föderative Republik, welche die Colonisten Mexico's aus ihrem Schlummer rüttelte. Auch der Wiederhall der französischen Revolution erklang weithin über das Meer bis nach Neuspanien hinüber, und die Wachsamkeit der Inquisition war außer Stande, die tiefe Erregung zu unterdrücken, welche jene großen Weltereignisse auch hier hervorriefen.

Unter dieser vorbereitenden Einwirkung gelangte die Nachricht nach Mexico, daß jene Macht, von welcher jeder Einfluß für die Colonien ausströmte, aufgehört hatte zu bestehen: die Bourbonen in Spanien waren gestürzt!

Zum ersten Male erwachte in den Mexicanern das Gefühl der Selbstständigkeit; schnell bildete sich eine Partei, die im Ayuntamiento von Mexico warme Anhänger zählte. Es war im Juli 1808, als diese Körperschaft in großer Gala sich zum Vicekönige Don José Iturigaray verfügte und unter gleichzeitiger Versicherung der größten Anhänglichkeit an das Königshaus doch um Bildung einer Nationalversammlung bat, welche, aus Deputirten von allen Provinzen des Reiches bestehend, über die in diesem Falle nothwendig gewordenen Maßregeln entscheiden sollte.

Iturigaray nahm ihr Ansinnen nicht ungünstig auf, wies sie aber an die Audiencia von Mexico, einer Art von Staatsrath, welcher aus hohen Würdenträgern bestand, die sämmtlich geborene Spanier waren, ja sich niemals mit Creolinnen vermählen durften, und die Controle für die Handlungsweise des Vicekönigs bildete.

Die Audiencia, den Einfluß der Creolen und den Verlust der spanischen Obermacht fürchtend, bekämpfte mit aller Kraft den Vorschlag des Ayuntamiento, und

als sie die Zuneigung des Vicekönigs zu demselben be=
merkte, ließ sie ihn des Nachts in seinem Bett über=
fallen und ihn und seine zwei Söhne in die Kerker der
Inquisition werfen. Ebenso wurden mehrere Mitglieder
des Ayuntamiento theils im Fort von San Juan de Ulloa
eingekerkert, theils nach den Philippinen deportirt. Diese
Gewaltmaßregeln erregten die größte Unzufriedenheit im
Lande und rissen die Kluft zwischen Spaniern und Mexi=
canern immer weiter.

Merkwürdig ist es, daß es besonders die Geistlich=
keit war, welche die Ideen nationaler Freiheit zu den
ihrigen machte. Im ganzen Lande gährte es, überall
kam es zu kleinen Kämpfen zwischen den Spaniern und
Creolen, aber ein Pfarrer erhob zuerst das Banner der
Empörung und gab den ersten Anstoß zur Losreißung
Mexico's von der spanischen Herrschaft. Don Miguel
Hidalgo y Costilla, Pfarrer in Dolores unweit Gua=
naxuato, von einer beinahe ganz indianischen Gemeinde,
ein Mann über 60 Jahre alt, bereitete mit großer Klug=
heit und Energie die Insurrection vor. In Queretaro
verband er sich mit Don Miguel Dominguez und
seiner muthigen Frau, in Guanaxuato wußte er drei
Officiere zu gewinnen.

In den Indianern, die ihn liebten und verehrten
und für welche er väterlich gesorgt hatte, erweckte er
das Gefühl ihrer Unterdrückung, die Rachelust für so
viele erlittene Unbilden. Die Anmaßung der Spanier

wirkte ebenso mächtig auf die Gemüther, als sie die
Insurrection nährte, und so begann denn 1810, zwei
Jahre nach der Gefangennehmung Iturigaray's, der
Kampf um die Selbstständigkeit Mexico's.

Der Zug Hidalgo's und seiner Schaar war aber
durch furchtbare Gräuel und Schandthaten bezeichnet.
Bei den Indianern schien der längst schlummernde Blut=
durst der aztekischen Zeit wieder zu erwachen und Hi=
dalgo, der christkatholische Pfarrer, that ihrer Grau=
samkeit keinen Einhalt. Guanaxuato ward zuerst erobert
und alle in dieser volkreichen und blühenden Stadt leben=
den Spanier wurden ermordet. Ebenso erging es in
Valladolid und Guatalaxara, und siegestrunken wendete
sich nun Hidalgo gegen die Hauptstadt. Doch hatte
die Kunde seiner Grausamkeit viele rechtliche Mexicaner
gegen ihn erhoben, eine reguläre Armee trat ihm ent=
gegen, und unfähig, den Kampf mit ihr aufzunehmen,
zog er sich zurück, ward aber verfolgt und sowohl bei
Aculco, als auch bei der Brücke von Calderon vom
spanischen Feldherrn Calleja geschlagen. Noch gelang
es ihm, sich mit einem Theile seiner Truppen gegen die
Vereinigten Staaten zurückzuziehen, hier ward er aber
vom Insurgenten=Officier Elisonzo verrathen und fiel
1811 in die Hände seiner Feinde. Hidalgo und viele
seiner Anhänger wurden erschossen.

Mit ihm aber war die Sache der Unabhängigkeit
nicht verloren; sein College und Freund, der Pfarrer

Morelles, ergriff die gesunkene Fahne und an seiner
Seite kämpfte der Pfarrer Matamoros. Die Insurrection gewann immer größere Ausdehnung, doch ihr
Heer war schlecht organisirt und schlecht verpflegt, und
trotz Siegen bei Acapulco, Guadalaxara und Oaxaca,
besonders aber bei Palmár, konnten die Insurgenten in
der Länge der Zeit dem besser geführten Heere regu-
lärer Truppen nicht widerstehen. Nach mehreren Nie-
derlagen, bei Valladolid, bei Puruaran, wo ihnen der
spanische General Iturbide siegreich gegenüberstand,
fielen die Anführer in die Hände der Spanier und
Morelles und Matamoros erlitten das Schicksal
Hidalgo's.

Mehrere Jahre blieb nun das Land, des Kampfes
und des Blutvergießens müde, in anscheinender Ruhe;
aber der Haß gegen die spanische Herrschaft, die Sehnsucht nach Unabhängigkeit glimmten unter der Asche.
Ferdinand VII. war nach Spanien zurückgekehrt, die
Constitution, welche Napoleon dort in's Leben gerufen
hatte, ward abgeschafft und ebenso wurden die in's Leben
getretenen liberaleren Institutionen Mexico's, wie die
Junta, unterdrückt. Neue Truppen kamen nach den
Colonien, der Vicekönig mit all' seinen Rechten wurde
wieder eingesetzt und so schienen Frieden und Ordnung
hergestellt.

Die Mexicaner aber harrten nur des günstigen
Augenblickes, um von Neuem nach Selbstständigkeit zu

ringen. Im Jahre 1820 brach in Spanien eine Militär-
Revolution aus, welche die Constitution gewaltsam wieder einsetzte. Dadurch wurde sie factisch auch in Mexico
berechtigt und diese Nachricht verursachte dort die größte
Aufregung. Der Vicekönig rief Iturbide an die
Spitze eines bedeutenden Heeres. Obwohl Creole, hatte er
doch schon früher der spanischen Sache große Dienste geleistet; nun aber fühlte sich auch Iturbide von der Idee
der Unabhängigkeit hingerissen. Er heuchelte daher Uebereinstimmung mit den Plänen des Vicekönigs, und bauend
auf seine Popularität bei den Mexicanern, welche in
doppelter Anzahl als die Spanier seine Armee bildeten,
stellte er sich an die Spitze der Revolution und pro-
clamirte den 24. Februar 1821 zu Iguala die Unabhängigkeit Mexico's; gleichzeitig eröffnete er einen Plan,
nach welchem das Land, nach monarchisch-constitutio-
nellem Grundsatze regiert, zum Kaiserreich erhoben werden sollte. Die Krone wurde dem Könige von Spanien, Ferdinand VII., und nach seiner abschlägigen
Antwort seinen Brüdern Don Carlos und Don
Francisco de Paula, dann dem Erzherzog Carl
von Oesterreich angetragen. Keiner folgte diesem Rufe.
Doch fand der Plan ungeheure Beistimmung im Lande;
Städte und Provinzen erklärten sich für Iturbide;
die bereits verschollenen Führer der Insurgenten Ni-
colas Bravo, Guadelupe Victoria und Andere

eilten aus ihrer Verborgenheit, um sich mit ihrem An=
hange unter Iturbide's Fahne zu schaaren.

Der Vicekönig Apodaca und seine Truppen blie=
ben rath= und thatlos in der Hauptstadt, bis Apodaca
durch einen anderen Vicekönig, den General O'Do=
nuju, ersetzt wurde. Dieser folgte einer Einladung
Iturbide's zu einer Zusammenkunft in Cordova und
hier wurde von den beiden Generalen ein Vertrag ge=
schlossen, der den Plan von Iguala bestätigte. Gleich=
zeitig wurde bestimmt, die Krone einem dritten Infan=
ten Don Carlos Luis, Erbprinzen von Lucca, anzu=
tragen, im Falle erneuerter Ablehnung aber von dem
Principe abzukommen, bei der Wahl eines Kaisers von
Mexico nur auf Prinzen von regierenden Häusern Rück=
sicht zu nehmen. O'Donuju wurde Mitglied der
Junta, die vorläufig die Regierung übernehmen sollte.
Von diesem Augenblicke an war die Unabhängigkeit
Mexico's eine vollzogene Thatsache.

Nachdem auch der dritte Infant die Krone Me=
xico's nicht angenommen, die spanischen Cortes den Ver=
trag von Cordova als null und nichtig erklärt hatten,
ohne die Macht zu haben, mit Gewalt die neue Ord=
nung der Dinge umzustoßen, trat Iturbide als Can=
didat der Kaiserkrone Mexico's auf. Er hatte einen
großen Anhang im Lande, namentlich bei der Armee;
auch die höhere Geistlichkeit, welche das Ueberhand=
nehmen demokratischer Ideen und Institutionen im Lande

fürchtete, war diesem Plane hold und so kam es, daß
Iturbide den 18. Mai 1822 zuerst von den Solda=
ten, dann von einer großen Menschenmenge als Au=
gustin I. zum Kaiser ausgerufen wurde.

Die Bevölkerung drang in die Sitzung der Junta,
wo diese wichtige Frage berathen werden sollte und be=
herrschte durch ihre Aufregung die Gemüther so sehr,
daß Iturbide auch hier mit 71 Stimmen gegen 18
zum Kaiser erwählt wurde. Seine Krönung erfolgte,
doch blieb die Gegnerschaft zwischen der Junta und
Augustin I. stets lebendig. General Santa Anna,
ein Günstling Iturbide's, stellte sich in Veracruz an
die Spitze der Empörung, Bravo, Guerrero, Vic=
toria und viele andere gesellten sich zu ihm.

Im Mai 1823 trug eine englische Fregatte den
entthronten Kaiser und seine Familie gegen Europa.
Zu seinem Unglücke faßte er den Plan, im Juli 1824
wieder nach Mexico zurückzukehren. Beinahe allein lan=
dete er unweit Tampico in Soto la Marina, wurde
gefangen genommen und erschossen.

Nun wurde in Mexico die Republik ausgerufen;
ein Versuch der Spanier, wieder die Herrschaft an sich
zu reißen, wurde von den Generalen Teran und Santa
Anna siegreich zurückgewiesen, worauf der Congreß
alle in Spanien Geborenen aus dem Lande verbannte.
Eine große Anzahl tüchtiger, arbeitsfähiger und indu=

strieller Menschen und große Capitalien gingen dadurch
verloren!

Die Geschichte der mexicanischen Republik ist nichts
als die Aufzählung immerwährender Revolutionen, Bür=
gerkriege und Pronunciamento's gegen die Präsidenten,
die Sucht nach Macht und Reichthümer der Einzelnen
auf Kosten des Ganzen, die Geschichte des Untergangs
alles materiellen Wohlstandes, alles geregelten Lebens,
aller Sicherheit, aller sittlichen Grundlage für die Na=
tion, alles Wissens und aller Bildung, die Geschichte der
größten Corruption in allen Branchen der Administration
und der Rechtspflege. Bei diesen Zuständen konnten nur
zwei Dinge gedeihen: der öffentliche Straßenraub und
der geheime Betrug. Immer und immer wieder, bei
jeder Umwälzung, in jedem Kampfe, taucht der Name
Santa Anna's auf, er spielte überall eine Rolle
und hat sie auch jetzt noch nicht ausgespielt.

Die Nordamericaner, die Anarchie benützend, welche
dem Reiche macht= und kraftlos die Hände band, fielen
im Jahre 1846 in dasselbe ein, ohne nur nach einem
Anlaß zu suchen und drangen bis nach Mexico, wo ein
schmählicher Frieden ihnen mehr als die Hälfte des
Landes preisgab. Uebrigens erfreuen sich die eroberten
Provinzen eines Gedeihens, das sie unter der mexica=
nischen Regierung nie gekannt hatten.

Dieses sind die Zustände, welchen die französische
Intervention ein Ende setzen sollte, dies ist die Unab=

hängigkeit, dieses waren die Helden, denen zu Ehren
im September 1864 Festlichkeiten bei Hofe und in der
Hauptstadt veranstaltet wurden.

Natürlich gab es Männer, welche keine Lust ver=
spürten, daran Theil zu nehmen! Ihre Väter oder
Großväter waren damals ermordet, ihre Habe geplün=
dert worden und so geschah es, daß das Theater, in
welchem die Anwesenden durch eine nicht enden wollende
Festvorstellung, mit Reden, patriotischen Manifestatio=
nen 2c. 2c. heimgesucht wurden, an diesem Tage beinahe
leer blieb. Ein Aguacero ärgster Gattung ward vielen
zur erwünschten Ausrede. Schuhhoch stand das Wasser
in den Straßen Mexico's, schnell waren die wenigen
Wagen vergriffen und viele Herren mußten zu dem in
Mexico sehr gebräuchlichen Mittel greifen, sich auf dem
Rücken von Indianern, die sich zu diesem Dienst her=
andrängen, durch die Straßen tragen zu lassen.

Tags darauf wurde auf der Plaza Major ein
großes Feuerwerk abgebrannt; die umliegenden Häuser
waren erleuchtet und der ohnedies sehr schöne Platz ge=
währte einen imposanten Anblick. Stets bot es viel
Interesse, diesen weiten Raum zu durchwandeln, denn
hier ist in den langen Abenden der Sammelplatz der
Indianer; auf kleinen Dreifüßen brennen Kohlenfeuer
und beleuchten die dunkeln Gestalten; nebenan verkauft
eine alte Indianerin Tortillas, auf Stufen stehen meh=
rere Reihen von Krügen, die bunt bemalt und vergoldet,

große Quantitäten von Pulque enthalten; doch ist dieser auch bereits in Gläsern eingeschenkt und die Indianer verstehen es, ihn in einem und demselben Glase „tricolore", d. h. weiß, grün und roth gefärbt, dem Publicum besonders anziehend zu machen.

Bald nach dieser Epoche erlebten wir ein Naturereigniß, das in unseren nördlichen Regionen zu den Seltenheiten gehört, auf dem vulkanischen Boden America's aber häufig genug Schrecken und Verderben über seine Einwohner bringt.

Es war in der Nacht vom 2. auf den 3. October; der Tag war besonders heiß gewesen, zum ersten Male hatte sich Abends eine drückende Schwüle fühlbar gemacht, ich litt an heftigen Kopfschmerzen und ging mit Fieberbewegungen spät zu Bette. Doch lag ich im tiefen Schlafe, als mich um zwei Uhr das Gefühl weckte, als würde ich leise gewiegt und geschaukelt; die Bewegung ward immer heftiger und als ich zum Bewußtsein kam, krachte und stöhnte alles um mich herum, Tische und Stühle klapperten und das Schwanken unter mir war so stark, daß ich mich in meine Cabine zurückversetzt glaubte. Alle Augenblicke meinte ich, jetzt würde die Decke meines Zimmers einstürzen, jetzt die Wand in den Hof hinabsinken. Nie werde ich dieses Gefühl vergessen, das Einen erfaßt, wenn der feste Boden unter den Füßen wankt und eine Sicherheit aufhört, an welcher zu zweifeln man nie gedacht hat. Die zwei Minuten,

welche die Dauer des Erdbebens bildeten, schienen mir
endlos.

Ueberall, im Hause und auf der Gasse ward es plötz=
lich lebendig, man hörte laufen und schreien. Ich warf
mich in meine Kleider und eilte auf die Galerie, auf
welcher sich bald alle Hausgenossen in den abenteuerlichsten
Anzügen versammelten. Einer derselben, der durch das
Klirren seiner Glasthüre geweckt wurde und seinen an
derselben gehängten Rasirspiegel sich bewegen sah, laufen
und lärmen hörte, war der Ueberzeugung, ein Dieb sei
in seinem Zimmer gewesen. Laut „au voleur“ schreiend,
mit dem Licht in der Hand, sein mangelhaftes Costume
grell beleuchtend, erschien er auf der Galerie des oberen
Stockwerkes und nur mit Mühe konnten ihn die anderen
überzeugen, daß es sich nicht um menschliche Frechheit
handle, sondern daß die Erde sich unziemliche Sprünge
erlaubt hatte.

Der Schrecken endigte in großer Heiterkeit; wir
unerfahrenen Europäer wußten nebstdem nicht, ob wir
es wirklich auch mit einem heftigen Erdbeben zu thun
gehabt hatten und ob am folgenden Morgen die Mexi=
caner uns nicht verspotten würden. Dem war aber
nicht so. Seit Menschengedenken war kein so heftiges
Erdbeben über Mexico gekommen und die Eingeborenen
waren äußerst erschreckt. Niemand hatte sich mehr zu
Bett begeben, man hatte die ganze Nacht gezittert und
gebetet.

Die Hauptstadt war aber mit dem Schrecken da=
von gekommen. Da nur eine dünne Erdschichte ein
weites Wasserbecken deckt, sind die Erdstöße dort stets
wiegender und sanfter, und können nicht so vernichtend
auf die Gebäude einwirken. In anderen Städten des
Reiches hatten sie aber viel Unheil angerichtet und aus
Puebla, Orizaba, Jalapa, Oaxaca u. s. w. kam manche
Trauerbotschaft. Die Prophezeiung einer baldigen Wie=
derholung traf glücklicher Weise nicht ein.

Mehr als es das Erdbeben gethan hatte, erschreckte
mich am folgenden Morgen die Entdeckung, daß ein
großer Scorpion sich mein Bett als Zufluchtsort aus=
gesucht hatte. Obwohl er sich keine persönlichen Feind=
seligkeiten gegen mich erlaubt hatte, ward er doch zum
Tode verurtheilt und hingerichtet.

Unsere Absicht, mit dem ersten Octoberschiff Me=
xico zu verlassen, den Weg über Habanah und New=
York zu nehmen, dort an das Land zu steigen und un=
sere Ausflüge bis zum Niagarafall auszudehnen, worauf
ich mich unendlich gefreut hatte, scheiterte an der Un=
möglichkeit, Veracruz zu Wagen zu erreichen. Je mehr
man uns das Ende der Regenzeit vorhersagte, desto
ärger waren die Aguaceros, und das Einzige, was auf
das baldige Aufhören derselben hoffen ließ, war die
Unregelmäßigkeit, mit welcher sie eintraten: denn
selbst die Morgen waren nicht mehr sicher und die tro=

pischen Güsse hatten die wohlbekannte und äußerst lang-
weilige Form eines europäischen Landregens angenommen.

Die Unsicherheit war peinlich und machte das
Scheiden beinahe noch schwerer. Und schwer war es,
diesem herrlichen Land wohl für immer Lebewohl zu
sagen. Es ist in vielen Theilen ein Paradies in Bezug
auf Klima, Naturschönheit und Reichthum.

Der Kaiser war Ende October wohl und sehr
zufrieden mit seinen Erlebnissen und Beobachtungen
von seiner Reise zurückgekehrt. Er hatte fern von der
Hauptstadt fähigere Menschen, tüchtigere Charaktere
kennen gelernt und seine Hoffnungen auf ein günstiges
Resultat seiner Bemühungen hatten sich gesteigert.

Die Kaiserin, von Marschall Bazaine begleitet,
war ihrem Gatten mehrere Leguas weit entgegengereist.
Der Marschall hatte auf einer, das Thal weithin be-
herrschenden Anhöhe ein Feldlager herstellen und ein
für die Majestäten bestimmtes Zelt mit allen Bequemlichkeiten versehen lassen. Hier traf das Kaiserpaar
zusammen und wurde von Bazaine*) bewirthet. Auch
die Nachtruhe wurde daselbst gehalten und am folgenden
Morgen die Rückreise nach der Hauptstadt angetreten,

---

*) Bazaine war nach seiner Ernennung zum Marschall
so sehr von seiner Würde erfüllt, daß seine Visitkarten die Auf-
schrift trugen: „Son Excellence le Maréchal Bazaine.“ Ich
meinte, er hätte richtiger „**Mon** Excellence“ auf die Karte
setzen lassen.

deren Bewohner zum Empfang der Majestäten in
großer Menge herbeieilten und alle Straßen mit
Triumphpforten und anderen Festzeichen geschmückt
hatten.

Bald darauf, den 8. November, nahmen wir in
Chapultepec Abschied vom Kaiserpaar. Des Kaisers
letzte Worte an uns lauteten: „Sagen Sie meiner
Mutter, daß ich die Schwierigkeiten meiner Aufgabe
nicht unterschätze, daß ich aber meinen Entschluß noch
keinen Augenblick bereut habe."

Und wirklich schien damals sich alles günstiger zu
gestalten, als man hoffen durfte; der Krieg in Amerika
wendete sich immer mehr und mehr zu Gunsten der
Südstaaten, von denen Mexico eine gute Nachbarschaft
zu erwarten hatte; viele Anführer der Dissidenten
hatten sich dem Kaiser unterworfen, die Partei des
Juarez schien immer geringer, jene der Anhänger des
neuen Kaiserreiches täglich zahlreicher zu werden. Die
Parteien überhaupt zu versöhnen war des Kaisers auf=
richtiges Streben; manche Annäherungen hatten stattge=
funden und eine Zeit lang war es, als sollte das tief
begründete Bedürfniß nach Frieden und Gesetzmäßig=
keit dem Kaiser eine Anzahl Männer zuführen, welche
ihre Anstrengungen mit den seinigen vereinigen würden,
um der Ordnung im Lande und dem Aufblühen aller
Kräfte desselben neue Wege zu bahnen.

Die Ersten aber, die sich dem Kaiserreiche feindlich zeigten, waren die Geistlichen, und diese sind eine große und sehr gefährliche Macht im Lande. Wenn der niedere Clerus, der gewöhnlich arm und in inniger Verbindung mit seinen Pflegebefohlenen steht, allen Freiheitsideen sehr zugänglich ist, ja, wie wir eben gesehen haben, seiner Gemeinde das Banner der Empörung begeistert und blutbefleckt vorantrug, so gehörte der hohe Clerus seit lange der conservativen Partei des Landes an. Er hatte sich im Lauf der Zeiten große Reichthümer gesammelt, großen Einfluß erworben und bald mehr als die Hälfte des Landes zu seinem Grundbesitz gezählt.

Dieser Reichthum hatte wahrlich nicht zur Erhöhung seiner Würde beigetragen, denn der Gebrauch, den er davon machte, war ein sehr wenig erbaulicher. Theils hatte er ihn zu politischen Intriguen verwendet, theils auch zu einem Aufwande und einer Lebensart benützt, welche gar sehr gegen den geistlichen Beruf und die geistlichen Pflichten stritten. Die große Unmoralität seines Privatlebens ist bekannt; diese ist auch bei dem niederen Clerus sehr verbreitet und wird dort kaum mehr mit der Wahrung äußeren Anstandes betrieben.

Der große Stein des Anstoßes zwischen der Regierung Kaiser Maximilian's und dem Clerus war die Confiscation eines Theils der geistlichen Güter,

welche unter den früheren Regierungen, nach den Be=
freiungskriegen, vollzogen worden war. Die Geistlich=
keit hoffte und forderte die Rückgabe dieser Güter, die
seit Jahrzehnten von einer Hand in die andere über=
gegangen waren und durch die Macht der Zeit unum=
stößliche Verhältnisse gebildet hatten. Bald ward es
den geistlichen Herren klar, daß der Kaiser keineswegs
Willens war, auf diese Forderungen einzugehen, noch
überhaupt dem maßlosen Hochmuth, mit welchem sie
auftraten, die Zügel schießen zu lassen.

Die unchristliche Weise, mit welcher sie ihr hei=
liges Amt versahen, erregte mehr wie einmal seinen
Unwillen, und mußte dasselbe Gefühl bei allen Jenen
hervorrufen, die mit der größten Ehrfurcht für die Re=
ligion die tiefe Ueberzeugung verbinden, daß ihre segens=
reichste Mission hier auf Erden die der werkthätigen
Liebe sei.

Die hohe Geistlichkeit von Mexico legte zuerst
Hand an das Bestreben, den Thron Maximilian's
zu untergraben.

Zehntes Kapitel.

Vorbereitungen zur Abreise. El Desierto. Der Allerseelentag. Abschied.
Die Rückreise. Gezwungener Aufenthalt in Veracruz. Die Belgier.
Die Louisiane. Einschiffung. Seefahrt. Erneuertes Elend. Santiago
de Cuba. Die Martinique. Meer und nichts als Meer. Alles hat
ein Ende, auch eine Reise nach Mexico.

Erst mit Beginn des Monats November war es
möglich, ernstlich an unsere Abreise zu denken. Der
Weg bis Orizaba war fahrbar; weiterhin hatte zwar
noch keine Diligence ihre Passagiere befördert, doch
waren wir entschlossen, uns zu Fuß oder zu Pferd Bahn
zu brechen, um mit dem französischen Dampfer halben
November die directe Fahrt von Veracruz nach St.
Nazaire zu unternehmen.

Einen herrlichen Ausflug gönnten wir uns noch
nach dem verfallenen Kloster El Desierto, auf mächtigen
Felsen in einem Walde gelegen, so großartig, so schön!
in dessen unmittelbarer Nähe wir aus der Quelle schöpf=
ten, welche ihr köstliches Wasser durch einen der Aquäducte
meilenweit bis nach der Hauptstadt sendet. Die Vege=
tation ist hier besonders prachtvoll; außer im Park
von Chapultepec sah ich nirgends in Mexico so hohe

Bäume; namentlich die Nadelholzgattungen entfalten hier
eine Schönheit, die uns zur höchsten Bewunderung hinriß.
Darunter zieht sich der schönste Rasen über die Höhen
und die Thäler, blüthenreiche Gesträuche lehnen sich an
die Stämme und die Großartigkeit der Landschaft ver=
einigt sich mit der entzückendsten Lieblichkeit.

In dem verfallenen Kloster ist jetzt eine Glasfabrik
angebracht. Einer der Arbeiter, der uns deutsch sprechen
hörte, war hoch erfreut, das Idiom seiner Heimat mit
uns reden zu können.

Unsere mexicanischen Freunde boten ihre ganze
Ueberredungsgabe auf, um uns zu vermögen noch einen
Theil des Winters im Lande zu bleiben, doch hatten
wir gewichtige Gründe, diesem Ansinnen nicht Folge zu
leisten, so sehr es auch den eigenen Wünschen entsprach,
denn es fiel uns gar schwer America zu verlassen, ohne
mehr davon zu sehen; ja es war eine Tantalusqual,
jene Genüsse so nahe zu wissen und sie gleichwohl nicht
erreichen zu können.

Den Allerseelentag verlebten wir noch in Mexico;
derselbe ist insoferne merkwürdig, als er dort mit Fröh=
lichkeit und, was noch störender ist, mit Frivolität be=
gangen wird, während er doch in allen anderen katho=
lischen Ländern der schmerzlichen Erinnerung an alle
Jene gewidmet ist, die wir im Leben lieb hatten und
die uns durch den Tod entrissen wurden.

Schon mehrere Tage vorher werden Buden auf der Plaza mayor aufgeschlagen, die sich nach und nach mit Spielwaaren und Zuckerwerk füllen. Alles aber hat Bezug auf den Allerseelentag und so sind es kleine Särge, Todtenköpfe und Gerippe, Katafalke, Priester mit dem landesüblichen Don Basiliohut, ganze Leichenzüge aus Holz, Zucker oder Kohle, die in allen Dimensionen den Kindern als Spielzeug oder Naschwaaren geboten werden. Jubelnd durchziehen diese dann auch die schmalen Gäßchen, welche die langen Budenreihen auf dem großen Platze bilden und machen ihre Einkäufe. In jedem Hause wird Nachts ein Tisch gedeckt, auf dem ein derartiger Spielereienkatafalk aufgerichtet und von Eßwaaren umgeben wird. Kinder und Hausleute sind der Ueberzeugung, daß wenn Alles schläft, die Todten sich um diesen Tisch setzen und ein Festmahl halten.

Wenn es dunkelt, begibt sich beim Scheine der Fackeln und Laternen die schöne Welt von Mexico nach dem Hauptplatz, promenirt dort zwischen den Buden und schließt mit Lachen und Scherzen diesen weihevoll ernsten Tag.

Ueberhaupt sah ich nirgends so wenig wahre Pietät wie in Mexico; Vornehme und Niedere stehen sehr unter dem Einfluß der Geistlichen, küssen den frommen Herren demüthig die Hände, beobachten die äußeren Uebungen mit großer Gewissenhaftigkeit; nichts aber ist weniger erhebend als der Gottesdienst in Mexico.

Wie eine Heerde Schafe, die sich auf der Weide
gelagert hat, umgeben die Menschen den Altar, liegend,
zusammengekauert auf dem schmutzigen Fußboden; vor=
nehme Damen im schweren Seidenkleide und der Man=
tilla und der schmutzige, ekelhafte Pepero, der Lazzaroni
Mexico's, dicht an einander gedrängt, dazwischen zahllose
Hunde, die zu Tausenden herrenlos herumlaufen, doch
überall geduldet werden und sich auch in den Kirchen
einfinden, wo sie auf den Kleidern der Damen liegen
oder bellend mit einander in Streit gerathen.

Nie sah ich eine so unandächtige Menge; wenn
aber das Glöckchen erklingt, da neigt alles den Kopf
bis auf den Boden und bekreuzt mit der größten Schnel=
ligkeit und zu unzähligen Malen Stirne, Mund und
Brust, alle im nämlichen Tempo. Ein französischer Geist=
licher versicherte mir, er habe alle Mühe gehabt, das
Lachen zu verbeißen, als er am Altare stehend, zum
ersten Male diese Geberden gesehen hatte. In Mexico
aber herrscht nicht wie in Veracruz die Mode, in der
Kirche geräuschvoll mit dem Fächer zu spielen; über=
haupt sah ich in Mexico selten einen Fächer in den
kleinen Händchen der Damen.

Ueberall noch erhielten wir Beweise der Liebens=
würdigkeit und Gastfreundschaft, ehe wir dem schönen
Mexico den Rücken wenden mußten; das Kaiserpaar
verabschiedete uns auf sehr freundliche Weise, in der
Stadt folgte eine Einladung der anderen; endlich aber

brach die Nacht an, die wir für unsere Abreise festge=
setzt hatten, um mit Sicherheit Veracruz noch zur rechten
Zeit vor Abgang des französischen Dampfers zu erreichen.

Es war in der Mitternacht des 8. auf den 9. No=
vember, als wir von unseren europäischen Freunden
begleitet unser hübsches Haus auf der Puenta de San
Francisco verließen, und uns zu Fuß nach dem Hôtel
d'Iturbide begaben, um dort die Deligence zu besteigen.

Ernst gestimmt und schweigend gingen wir zum
letzten Mal durch diese nun so öden, nur zeitweilig
durch kleine, auf dem Pflaster stehende Handlaternen
beleuchteten Gassen; von der Ferne erklang die mono=
tone Melodie einer Drehorgel, welche ein galanter
Jüngling gemiethet hatte, um damit seine „Novia" in den
Schlaf lullen zu lassen, wohl die ärgste Degeneration
ritterlichen Troubadourthums, die sich denken läßt. Sonst
war Alles still. Herzlich und mit den besten Wünschen
für das Wohlergehen aller Zurückbleibenden nahmen
wir wehmüthigen Abschied.

Graf Bombelles und Major Boleslavsky be=
gleiteten uns nach Veracruz, um dort eine Abtheilung
der belgischen Legion zu empfangen; Chasseurs nahmen
auf der Imperiale Platz und so begannen wir denn die
Heimreise, mit deren Ende ich so viele Freude des
Wiedersehens erreichen sollte, die aber beim Beginn
mühselig und düster genug vor mir lag. Langsam und
vorsichtig fuhren wir durch die dunkle Nacht; nur die

hellen Bilder der eben verlebten Vergangenheit zogen durch meine Erinnerung, bis mir die Müdigkeit die Augen schloß. Endlich lichtete sich der Himmel und als wir gegen sechs Uhr Morgens die Höhe des Rio frio zu besteigen anfingen, ging die Sonne auf und übergoß die beiden herrlichen Schneeberge mit Purpur; dieselben waren so nahe, daß man sie mit Händen greifen zu können meinte und boten den wunderlichsten Anblick. Es war, als hätte die Natur noch einmal ihre höchsten Reize entfaltet, um uns den Abschied schwer zu machen. Die veränderte Jahreszeit, in welcher beinahe nie ein Wölkchen den klaren, durchsichtigen Himmel trübt, bot uns manch neues Bild, das die heranbrechende Regenzeit im Frühjahre verschleiert hatte.

Der Weg war schlecht, Staub und Hitze waren sehr drückend und wir langten daher sehr ermüdet in Puebla an. Vor der Garita kam uns Monsieur de Heekeren entgegengeritten, den wir in Mexico kennen gelernt hatten, wo er der französischen Gesandtschaft zugetheilt war, während er nun als Officier in Puebla in Garnison lag und uns eine Einladung zu Tisch zu seinem Obersten brachte, die wir doppelt dankbar annahmen, als wir im Hôtel des Diligences den Schmutz sahen, der in den Zimmern, auf den Gängen und im weiten Hofe des Gebäudes massenhaft angehäuft war. Unbeirrt durch diese Umgebung, stolzirte ein prachtvoller Arras durch alle Räume.

Oberst Janningros bot uns in seinem hübschen
Hause auf dem Hauptplatz wenigstens ein reinliches
Mahl, an welchem auch ein Ameisenbär Theil nahm,
der sehr zahm, aber schüchtern war und eine sehr ko=
mische Art hatte, sich aus Verlegenheit die Pfote vor
das Gesicht zu halten. Dann machten wir noch einen
Spaziergang durch die Stadt und überzeugten uns, wie
das letzte Erdbeben beinahe kein Haus unbeschädigt ge=
lassen hatte. Der Präfect von Puebla bot uns eine
Privatwohnung an; da wir aber unsere Reise um zwei
Uhr Nachts fortsetzten, schlugen wir dieses freundliche
Anerbieten dankbar aus.

Die erste Strecke hinter Puebla ist sehr häßlich
und sandig, nur mit endlosen Magueyenfeldern oder
Cactuspflanzungen bedeckt; doch von allen Seiten winkten
uns die herrlichsten Berge; hinter uns erhoben der Popo=
katepetl und der Iztaccihuatl in wolkenloser Schönheit ihre
weißen Häupter zum Himmel; links lag die bewaldete
Malincha, vor uns aber stand der König aller Berge,
der Pic von Orizaba, der Citlatepetl der Azteken.

Viele Stunden lang währte der herrliche Uebergang
über die Cumbres; der Weg war sehr steil und sehr
schlecht, daher es die Herren vorzogen, zu Fuß zu ge=
hen, meine Gefährtin und ich aber fürchteten die Gluth=
strahlen der Tropensonne und ertrugen geduldig das
Rütteln und Stoßen. Langsam ging es den Berg hin=
auf, als wir uns aber thalwärts wandten, knallte die

Peitsche des Kutschers, trieb die acht Maulesel zu ge=
stecktem Galop an, und so rannten wir in unserem
haushohen Wagen über Stock und Stein den steilen
Berg hinab, durch alle jähen Krümmungen der Straße,
an den Abgründen vorbei. Ich schloß die Augen und
ergab mich in mein Schicksal.

Je näher wir Orizaba kamen, desto prachtvoller
ward die Vegetation und die Gegend. Die saftigsten
Wiesen, die herrlichsten Berge, Wälder von Orangen,
Granaten, Bananen, alle Herrlichkeiten der Tropen
reihen sich an einander und in Mitten von diesem
Uebermaß an Grün, an Blüthen und Früchten erhebt
sich doppelt überraschend und doppelt herrlich die weiße,
leuchtende Pyramide des Pic's!

Bis nach Orizaba erstreckte sich die Gastfreund=
schaft der Familie Escandon; hier besitzt sie die größte
Baumwollfabrik des Landes, Cocolapam genannt: ein
Beamter empfing uns an der Garita und geleitete uns
in die Fabrik, wo uns nach zwei ganz ruhelosen Nächten
und den Strapazen der Tage ein gutes Nachtlager sehr
wohlthätig war.

Als ich des Morgens zu meinem Fenster trat,
blickte hinter grünen Hügeln der Pic hervor, von der
aufgehenden Sonne rosig beleuchtet, und tiefe Wehmuth
erfaßte mich, daß ich auf immer von all' dieser Pracht
scheiden mußte, und beinahe noch mehr bei dem Ge=
danken, mit meiner lebendigsten Erinnerung, mit all'

der Bewunderung, die auf ewig meine Brust für so
viel Schönheit erfüllen würde, doch nie im Stande zu
sein, Jenen einen Begriff von all' diesen Herrlichkeiten
einzuflößen, die ich stets an meine Seite wünschte, wenn
mein übervolles Herz beinahe zersprang vor dem Uebermaß der Empfindungen, welche alles Gesehene und
Erlebte in mir hervorriefen. Daß in solchen Momenten
keine von meinen Liebsten an meiner Seite stand, war
das Einzige, was mir stets und überall fehlte, denn:

> „hochbeseligt . . . .
> Bedarf das Herz ein zweites Herz."

Die Diligence versagte uns nun den Dienst; der
Weg von Orizaba nach Cordova, wenn auch nur fünf
Leguas lang, war dermaßen grundlos, daß der Dili-
gencebesitzer seine Thiere nicht gefährden wollte. Die
letzte Diligence, welche diese Strecke zurückgelegt hatte,
war 52 Stunden lang unter Wegs geblieben.

Den Bemühungen unserer Herren gelang es endlich, uns ein anderes Gefährt zu verschaffen. Ein mu-
thiger Mann von Orizaba unternahm es, unsere Weiterreise zu bewerkstelligen; wir bestiegen einen sehr hohen,
schmalen, rothgefärbten, ganz aus Eisen gebauten Wagen, der mit einer von Stangen gehaltenen Decke versehen war.

Mehrere andere Reisende in zwei Wagen schlossen
sich uns an; der Unternehmer der Expedition bestieg
den Bock des ersten Wagens und leitete das Ganze,

untersuchte jede bedenkliche Stelle und seiner Umsicht
verdankten wir es, daß wir nach achtstündiger Fahrt
glücklich die kurze Strecke zurücklegten, für welche wir
auf der Hinreise nur zwei Stunden verwendet hatten.
Die Herren waren zu Pferd, doch war auch dieses
„Transportmittel" ziemlich gefährlich; die Pferde ver-
sanken an mancher Stelle bis zur Brust in Koth und
Morast — der Weg war geradezu unbegreiflich!
Durch Bergströme und über Wasserrisse ohne Brücken,
über Felsblöcke und über Baumstämme, durch den Urwald, wo wir uns den Weg bahnten, über Sümpfe,
Gräben, Lavastrecken ging es fort unermüdlich, an
mancher Stelle, um nur durchzukommen, im Galop, mit
der äußersten Anstrengung vom Kutscher und seinen
braven Thieren. Gewiß ist es das Höchste, was man
in dieser Beziehung leisten kann. Doch auch die Stra-
paze war beinahe zu groß. An vielen Stellen verließen wir den Wagen und gingen trotz der tropischen
Sonnenhitze oft Stunden lang zu Fuß. Im Wagen
war das Rütteln so arg, waren die Stöße so heftig,
daß wir bald mit dem Kopf an die Decke, bald mit
Armen und Schultern an die eisernen Stangen geworfen wurden und uns mit aller Kraft aneinander
klammerten, um mehr Widerstand leisten zu können.
Die Erschöpfung ward endlich so groß, daß meine Gefährtin in krampfhaftes Schluchzen ausbrach! Dabei
war die wunderbare Schönheit der Gegend eine Auf-

regung mehr. Man wollte sehen, bewundern und wurde immer wieder davon abgezogen. Die Vegetation war unbeschreiblich reich und es offenbarte sich eine Mannigfaltigkeit an Bäumen, Gesträuchen, Blumen, Blättern, Lianen, die nicht genug beachtet und bewundert werden konnte. Alles kam mir schöner vor als auf der Hinreise, da nach der Regenzeit alles noch üppiger, die Luft um Vieles klarer und durchsichtiger war.

Unseren Einzug in Cordova hielten wir zu Fuß. Dieses kleine Städtchen mit seiner schönen Kathedrale liegt in einem Meer von Grün und Blumen, aus welchem schlanke Cocospalmen hervorragen.

Monsieur Legrand, ein reicher Franzose, hatte uns dort sein Haus angeboten, seine Frau empfing uns sehr freundlich und gab uns gute Nahrung und reinliche Betten; da wir aber wegen der großen Hitze die Mousselinevorhänge, welche dieselben umgaben, nicht fest verschließen wollten, wurden wir von den Mosquito's jämmerlich zugerichtet und brachten die Nacht beinahe schlaflos zu.

Den andern Morgen um sechs Uhr nahmen wir dankbar Abschied und setzten unsere Reise fort. Wir wollten Veracruz am Abend erreichen und hatten eine lange Tagereise vor uns. Der Uebergang über den Chiquihuite war wieder herrlich, dann ging es hinab in die Glutebene, die sich bis zum Meer ausdehnt. Zum Glück war der Himmel etwas umwölkt und die

Sonnenstrahlen dadurch gedämpft; die feuchte, schwere
Treibhaustemperatur aber trieb die hellen Perlen auf
das Gesicht.

Ganz erschöpft langten wir endlich in Cameron,
der ersten Eisenbahnstation an, und waren mit Dampfeseile in zwei Stunden in dem traurigen, öden Veracruz. Am 12. Abends hatten wir es erreicht, waren
in dem sehr schmutzigen Hotel auf dem Hauptplatz sehr
schlecht untergebracht und mußten fünf Tage dort ver-
leben, ehe die „Louisiane" Erlaubniß erhielt abzusegeln,
da sie auf einen Transport von einigen Millionen Piasters warten mußte, der wegen der grundlosen Wege
nicht rechtzeitig in Veracruz anlangen konnte.

Es waren keine heiteren Tage, die wir in der
verpesteten Stadt zubrachten. Beinahe den ganzen Tag
saßen wir unter den „Portales" unseres Gasthofes, wo
ein beständiger Luftzug die Existenz erträglicher machte,
schlürften aus Strohhalmen die Eislimonade und betrachteten das Treiben auf dem Hauptplatz, das freilich
nicht sehr bewegt war. Vorzüglich waren es Tausende
von Aasgeiern (Zapilote's), welche den großen Platz
bedeckten und es kaum der Mühe werth fanden, den
Vorübergehenden auszuweichen; nur wenn die auf
Schienen geführten Omnibusse ihre Reihen durchbrachen,
erhoben sie sich langsamen Fluges, um sich auf den
Zinnen des gegenüberliegenden Regierungspalastes oder
auf den Kuppeln der Kathedrale niederzulassen. Diese

ekelhaften Thiere versehen in Veracruz den Dienst der
Sanitätspolizei und säubern die Straßen, weßhalb auch
die Tödtung eines derselben mit einer bedeutenden Geld=
buße belegt wird.

Die „Louisiane" hatte eine Abtheilung der belgi=
schen Legion gebracht, an ihrer Spitze den Obersten
Vandersmissen, mir schon von Brüssel her bekannt,
nebst ihm den Sohn des belgischen Kriegsministers
Chazal, der leider kurze Zeit darauf in einem Ge=
fechte den Tod fand. Diese und andere Herren ver=
kürzten uns einigermaßen die Zeit; auch die Officiere
der „Novara", die nach kurzem Ausflug nach Habana
noch immer am Sacrificio vor Anker lag, kamen uns
zu begrüßen, brachten die Musikbande mit und suchten
uns auf diese Weise die Zeit zu verkürzen.

Das Interessanteste war uns aber eine Fahrt nach
dem nahen Orte Medellin, wo die Veracruzianer sich
eine etwas gesündere Villeggiatur gegründet haben. Eine
Anzahl schlanker, wohlgebauter Egyptier im Turban und
in weißen Gewändern mit langen Flinten und den Dolch
im Gürtel, wurden zu unserer Sicherheit mitgegeben.
Die schwarzen Söhne Afrika's vertragen das böse Klima
der mexicanischen Küstenstriche vortrefflich; mir aber war
es in ihrer Gesellschaft beinahe weniger heimlich als
ohne Escorte. Der Präfect von Veracruz begleitete uns.
Eine Zweigbahn führt bis an das Ufer eines schönen,
breiten Flusses, der sich eine Legua weiter in's Meer

stürzt. Eine über den Strom gebaute Eisenbahnbrücke
war unter der Wucht eines Zuges zusammengebrochen;
nur der Rauchfang des Locomotivs ragte noch aus den
Fluthen hervor.

In einem Kahn erreichten wir das andere Ufer und
nun ging die Bahnfahrt auf offenen, durch Stöße mit
langen Stangen fortgerollten Wagen. In einer anartigen
Gegend stiegen wir ab und besichtigten die elenden, hölzernen, den Bewohnern von Veracruz zum Landaufent-
halt dienenden Hütten. Die Gegend aber ist sehr hübsch,
herrliche Mango's, Zapote's und andere Fruchtbäume
geben den prächtigsten Schatten, und ziehen sich bis an
das Ufer jenes dunklen Stromes, während als wucherndes
Unkraut die Caña Indica mit ihren rothen Blüthen meilenweit den Erdboden bedeckt. Weiterhin sahen wir große
Pflanzungen von Baumwolle, Zuckerrohr ꝛc., und waren
ganz erstaunt, in der Nähe der traurigsten Stadt der Welt
ein so üppiges und freundliches Stück Erde zu finden.

Den 16. November schifften wir uns endlich
ein, nachdem uns die belgischen Officiere nicht genug
Böses von dem Leben und Leiden auf der „Louisiane"
hatten sagen können! Mein seeuntüchtiges Herz ward
daher recht zaghaft und muthlos. Die „Louisiane" war
ein langes, schmales, eisernes, jeder Ventilation entbeh-
rendes Schiff, mit Cabinen von solcher Kleinheit und
Luftlosigkeit, wie ich dies nie für möglich gehalten hätte;
ein Schiff welches für den kranken Passagier auch nicht

einen Comfort, auch nicht einen Moment behaglichen
Ausruhens bot, hingegen manche Gelegenheit sich in
Muth und Geduld zu üben, um die 32 Grad Réaumur
in der Cabine, das endlose Rollen des Schiffes, die
Tücke der Seekrankheit, das Bangen beim wüthenden
Sturm, die Qualen der Schlaflosigkeit, kurz alles große
und kleine Elend zu ertragen und nach allem Kleinmuth,
nach aller Verzagtheit zu der Ueberzeugung zu gelangen,
daß sich das Unabänderliche mit Heiterkeit und freilich
etwas erzwungenem Gleichmuthe am leichtesten überwinden läßt.

Den 17. Nachmittags wurden endlich die Anker
gelichtet. Unsere Gesellschaft bestand größtentheils aus
französischen Civil- und Militärbeamten, aus zwei deut-
schen Familien, die nach langjährigem Aufenthalt in die
Heimat zurückkehrten, sowie aus einigen Creolinnen und
Mexicanern. Unter den letzteren befand sich auch der
Expräsident Miramon, den der Kaiser in besonderer
Mission nach Berlin schickte, um den gefährlichen Mann
zu entfernen.

Im Golf war die See ziemlich ruhig und den
ersten Abend genossen wir den herrlichen Anblick einer
so starken Phosphorescenz des Meeres, wie es die älte-
sten Seeleute nicht erlebt hatten. So weit das Auge
reichte, war alles in ein Feuermeer verwandelt. Bläu-
liche und röthliche Feuerkugeln schnellten aus der Tiefe
herauf und von weiter Ferne her bezeichnete eine glü-

hende Straße die Bahn, welche das Schiff durch=
furcht hatte.

In den ersten Tagen war ich sterbenskrank und
der Gegenstand allgemeinen Mitleids. Ich gestehe, daß
ich in manchen Augenblicken einen einsamen Winkel auf=
suchte und heiße Thränen der Muthlosigkeit und des
innersten Jammers weinte. Dennoch hielt ich auf dem
Verdeck aus und überwand nach und nach die Gewalt,
welche das Leiden physisch und moralisch über mich
gewonnen hatte. Obwohl die See immer höher ging,
das Schiff in immer stärkere Bewegung gerieth, befand
ich mich nach und nach besser. Jede Beschäftigung aber
war und blieb mir unmöglich, und so saß ich denn vom
frühen Morgen bis in die tiefe Nacht auf den hölzer=
nen Bänken des Verdeckes, von welchem mich mehr
wie einmal das gräßliche Rollen des Schiffes herab=
warf, bis ich mich mit der Bitte: „amarrez moi"
an einen Matrosen wandte, und mich von demselben
mit Stricken an den Mastbaum oder an den eisernen
Lehnen der Bänke anbinden ließ. Mit Macht schlugen
die Wellen oft über das Verdeck und eines Abends, als
ich beinahe allein oben aushielt, in einem hölzernen
Schaukelfauteuil sitzend, den ich in Veracruz gekauft
hatte, doch gewöhnlich nicht benützen konnte, da sah ich,
wie eine Welle über das Deck schlug und sich gegen
mich heranwälzte. Ich wollte entfliehen, ehe ich mich
aber nur erheben konnte, hatte die Welle im Nu mich

und meinen Fauteuil umgestürzt und mit sich über das
Verdeck hinweggerissen, zum Glücke aber gegen eine
Kanone geschwemmt, an welcher es mir gelang mich
festzuhalten und mit Hilfe eines hinzugeeilten Boots-
mannes wieder aufzurichten. Dieser aber führte mich
ohne Umstände sogleich die Stiege zu meiner Cabine
hinab, indem er sagte: „restez en bas, il ne fait
pas un temps pour des dames la haut!"

Meine Cabine lag zum Glück der Stiege gerade
gegenüber und erhielt von dort etwas Luft, da ich sie
bei Tag und Nacht nur durch einen Vorhang schloß.
Die meisten anderen Cabinen hatten ihren Ausgang in
den allgemeinen Speisesalon, schöpften daraus ihre Luft
und, was noch viel trauriger war, theilten ihm ihre
Atmosphäre mit. Die Cabinen hatten die Größe eines
mäßig geräumigen Kleiderschrankes, waren so breit, daß
die kurze Lagerstätte darin Platz fand, und so lang, daß
man mit genauer Noth daneben stehen konnte, um Toilette zu machen! Der Speisesalon war sehr lang und
schmal, Tisch und Bänke waren fest an den Boden ge-
nagelt; ich allein, neben dem Capitän an der schmalen
Seite des Tisches sitzend, hatte nur einen „pliant",
der jeden Augenblick umzustürzen drohte. Mir blieb
daher nichts übrig, als von des Capitäns freundlichem
Anerbieten Gebrauch zu machen und mich an seinen
Arm zu hängen. Der Speisetisch war immer mit den

„violons" versehen, welche Teller, Gläser und Flaschen festhielten.

Unser vortrefflicher Commandant Laurent versüßte und erleichterte das Ungemach der Reise so viel es in seiner Macht lag. Nachdem er mir schon bei Tisch seinen Arm geliehen hatte, um mich vor der ewigen Gefahr des Umstürzens zu bewahren, reichte er ihn mir und meiner Gefährtin abwechselnd nach Tisch zur Digestions-Promenade auf dem Verdecke, unter der Bedingniß, daß er dabei seine Pfeife rauchen dürfe. Ohne der Stütze dieses kräftigen Armes und der Sicherheit dieses „pied marin" war diese Promenade kaum möglich. Dabei erzählte er von Frau und Kindern, von seinem Leben, wie er früher kaiserlicher Marineofficier gewesen war und nur der Wunsch, seine schöne und liebe Frau zu heiraten, ihn vermocht habe, Dienste bei der Compagnie transatlantique zu nehmen, die besser zahlt, sonst aber ihm ein schweres Leben aufbürdet. Sechsmal des Jahres durchsegelt er die Strecke zwischen St. Nazaire und Mexico!

Den 22. November Abends liefen wir in den reizenden Hafen von Santiago de Cuba ein. Die Insel bildet so viele Buchten und Krümmungen, daß der Hafen anscheinend ein ringsum von Land eingeschlossener See ist. Leider war es schon so spät am Tage, daß wir nicht mehr an's Land fahren konnten, sondern während des schmutzigen Geschäftes der Kohlenladung auf

dem Schiffe bleiben mußten. Und so sahen wir nur
die verlockenden grünen Ufer und zwischen diesen und
dem Schiffe das tolle Treiben der Delphine, welche fuß=
hoch aus der Fluth sprangen und auch später im muth=
willigen Spiele schaarenweise unser Schiff begleiteten,
je höher die See war, desto fröhlicher und schneller
sich jagten und aus einer Welle in die andere sprangen.

Den 27. langten wir in Fort de France an, in
unserer herrlichen, liebgewonnenen Martinique, und nun
brach mit dem 28. für uns einer jener Tage an, die
für viele Leiden, Unbequemlichkeiten und Mühsale reich=
lich lohnen und deren Erinnerung den Gedanken an
jedes Ungemach weithin übertönt.

Wir und einige unserer Mitreisenden gingen an's
Land und schifften uns auf der Savanne wieder in einem
kleinen Localdampfer ein, auf welchem wir mit einer
Menge Neger, Mulatten und Creolen eng zusammen=
gepreßt, die Fahrt nach Saint Pierre unternahmen.

Während zwei Stunden fuhren wir knapp an den
Ufern der Insel, deren herrliches Panorama an uns
vorüber zog. Thäler und Buchten mit hübschen Wohn=
häusern unter Palmen und Bananen, von Kaffee= und
Zuckerplantagen umgeben, wechselten mit Felsen, von
denen die Lianen, welche sie dicht bedeckten, tief in's
Meer herabhingen. Saint Pierre, höchst originell an den
Berg hinaugebaut, ist die Handelsstadt der Insel, hat
schmale, gepflasterte, steil hinansteigende, reinlich gehal=

tene und mit langen Reihen von Kaufläden versehene
Gaſſen. Die Häuſer ſind niedrig und bunt bemalt.
Negerinnen und Mulatinnen in den grellſten Farben,
aber zierlichſt gekleidet, mit coquett gewundenen Turbans,
koloſſalen goldenen Ohrringen, das Kleid vorne etwas
geſchürzt, um den blendend weißen Strumpf und den
zierlichen färbigen Schuh zu zeigen, ſahen nicht eben
tugendhaft aus, hatten aber, wie die Franzoſen ſagten,
„beaucoup de cachet".

In einem Hotel erhielten wir ein vortreffliches
Frühſtück, köſtliches Obſt, Eiswaſſer, Gefrorenes, und
machten uns dann, da kein Wagen zu bekommen war,
zu Fuß auf den Weg nach dem Ziel unſeres Ausflugs,
zum herrlichen botaniſchen Garten von St. Pierre, wohl
einer der ſchönſten in der Welt. Es war Mittag, die
Hitze ungeheuer, aber der Weg war ſo herrlich, daß
alles Ungemach daneben verſchwand. Ueberall kamen
wir an den ſchönſten Villas vorüber, an reizenden Gär=
ten mit den fremdartigſten Bäumen und Blumen, dann
durch herrliche Alleen und Wieſen mit friſchen Bäch=
leins, alles gepflegt, cultivirt, paradieſiſch ſchön! So
erreichten wir in fortdauerndem Entzücken das eiſerne
Gitter des berühmten „Jardin des plantes de Saint
Pierre". Hier finden ſich in einem Raum, von der
Natur mit der üppigſten Pracht ausgeſtattet, zwiſchen
Felſen, undurchdringlich für Fuß und Auge, mit Sträu=
chern, Bäumen, Blumen und Lianen bedeckt, begrenzt

16*

von einem breiten, klaren und Becken und Wasserfälle
bildenden ungestümen Gebirgsbach, alle Bäume und
Gesträuche in den herrlichsten Exemplaren der gesamm=
ten Tropenzone vereinigt.

Alle Gattungen Palmen, Farrenbäume, Kautschuk=
bäume, Brodfruchtbäume und tausend andere — ein
Wald von Herrlichkeiten, den die Menschenhand ge=
pflanzt hat, der aber ganz den Stempel urwaldlicher
Pracht trägt — boten sich unserer staunenden Bewunde=
rung dar. Ueberwältigend schön war dieser Anblick, zu
groß, um in der gedrängten Zeit weniger Stunden, ich
möchte beinahe sagen ohne Schmerz, genossen zu werden.
Man müßte sich an diese Pracht gewöhnen, um sich in
derselben heimisch zu fühlen, um nicht erschüttert, mit
einem „Zuviel" von einem Eindruck zum anderen ge=
jagt zu werden.

Ein reicher Gutsbesitzer der Martinique, der ge=
wöhnlich in Paris lebt, Monsieur de Larintie, hatte
unsere Ankunft erfahren und kam nebst einem anderen
Herrn mit der größten Liebenswürdigkeit uns im bota=
nischen Garten entgegen, ließ uns in einem Pavillon
Erfrischungen reichen und bot uns dann einen Wagen
an, um zur Stadt zurückzufahren.

Um zwei Uhr mußten wir bei einem bisher noch
ungeahnten Wärmegrad auf unserem kleinen Dampfer
nach Fort de France zurückkehren und fühlten uns trotz

aller Müdigkeit gestärkt, belebt und gehoben durch den unendlichen Genuß, der uns geworden war.

In der Nacht segelten wir auf der „Louisiane" weiter in dem großen atlantischen Ocean und hatten nun beinahe ununterbrochen sehr hohe See, doch war der Wind günstig und trieb uns pfeilschnell unserem Ziele entgegen. Auf dem Verdeck war beinahe keines Bleibens mehr; dennoch ging ich oft die Stiege hinauf, hielt mich fest an die Lehne und blickte stumm und bewundernd in dieses gewaltige Meer, dessen Wellenberge dunkel und unheimlich sich uns entgegenwälzten, als wollten sie Alles überfluthen; die uns bald auf ihren schäumenden Gipfeln wiegten, bald in die Tiefe hinabgleiten ließen.

Jetzt erst fand ich das Meer wirklich schön, wirklich großartig, und vermessen dünkte es mich, auf schwachen Brettern dieser Macht entgegenzutreten, die nur aus Großmuth mit uns spielte, wie der Löwe mit dem Hündchen, statt uns zu verschlingen.

Bis zum achten December war es glühend heiß. Der Abend dieses Festtages war schön; wir brachten ihn bis tief in die Nacht auf dem Verdecke zu. Barmherzige Schwestern, die von ihrer segensreichen Thätigkeit in Mexico nun mit uns nach Frankreich zurückkehrten, anspruchslos und freundlich unter uns weilten und von den französischen Officieren mit großer Achtung und Zuvorkommenheit behandelt wurden, stimmten Cantiquen

an und wurden von einigen der Herren in ihrem Ge=
sange begleitet. Die einfachen, getragenen Melodien er=
klangen schön und feierlich und wirkten in der Einsamkeit des Meeres, zwischen Himmel und Wasser, beson=
ders erhebend.

Bald nach diesem Tage traten Nordstürme ein,
welche die gewohnte Hitze in eisige Kälte verwandelten
und die Seefahrt immer schwieriger und unangenehmer
gestalteten. Aber auch diese Zeit ging vorüber und end=
lich, den 14. December, lag die Insel Belle Isle und
bald darauf die Küste Frankreichs, das kleine, alte Europa
vor uns, in dem es eigentlich keine Trennung mehr gibt!
Das Meer aber trennt, das fühlte ich oft schmerzlich
und fühlte es selbst im Augenblicke der Rückkehr, wenn
ich an den nun schon so fernen Welttheil dachte, in
dem ich vor Kurzem so viel Schönes erlebt und genossen
hatte, in welchem freundliche Menschen meiner gedenken
und den ich wohl nimmer wiedersehe im Leben. Wie
sehr hatte ich ihm Ruhe, Glück, Macht und Reichthum
gewünscht, wie hatte ich gehofft, daß die Menschen end=
lich sich der herrlichen Natur, die sie umgibt, würdig
heranbilden würden. Leider aber klingt Alles immer
ernster und unheilverkündender von dort und all' der
frühere Jammer und das frühere Elend scheinen wieder
über dieses arme Land hereinzubrechen. Ich betrauere
es innig wegen des Kaiserpaares, wegen der Fremde,
die mit ihm dort eine neue Heimat gesucht hatten,

wegen der Eingeborenen selbst, von denen ich nur Gutes
und Freundliches empfing!

Den 15. December 1864 früh warfen wir die
Anker; der Capitän war der Erste am Land und flog
in die Arme seiner Frau, welche ihn am Ufer erwartete.
Dankbar und freudig betraten auch wir den geliebten
heimischen Boden; ich jauchzte dem Wiedersehen, dem
Heimkommen entgegen.

Die nun beendete Reise bleibt die schönste Erinnerung meines Lebens; sie war in allen Hauptmomenten
völlig gelungen, keine ernste Sorge aus der Heimat
hatte sie getrübt. Die Welt ist doch schön! Wer es
kann, der gehe und bewundere sie. —